「動き」で覚醒する
アシュタンガ・ヨガ

プライマリーシリーズの動作、呼吸、ポーズ

デイヴィッド・ガリーグ・著

大谷桂子・訳

ASHTANGA
YOGA
VINYĀSA

BAB JAPAN

"Vina Vinyāsa Yogena āsanadin na karayet"
おーヨギよ。ヴィンヤサ抜きでアサナを行うな。

－ヴァーマナ・リシ、ヨガ・コルンタ（書物）

パンチャマハーブータ
5大要素：大地（土）、火、水、空気（風）、宇宙（空間）

献辞

　それは 1997 年、アシュタンガ・ヨガの創始者、シュリ・K・パタビジョイス（グルジ）の家で行われたカンファレンスでの出来事だった。グルジの家は当時、インド、テランガーナ州の小さな村、ラクシュミプランにあった。ある晩、彼の自宅でカンファレンスが開催されるとあり、参加することにした。トークが進む中、ある時点で「アシュタンガ・ヨガのメソッド（やり方））とは何だ？」というテーマが上がり、参加者全員が一斉に熱弁を振るいだし、一瞬騒然たる雰囲気になった。すると、私の真向かいに座っていたグルジが鋭い目で私の視線を捉え片言の英語で「クイックに（素早く）行う。それがやり方だ（Quickly you do, that's the method）」と言った。穏やかな口調だったが、グルジの言葉は私の魂を突き刺し、その後じわじわと、体内に刻み込まれて行った。まるで自分だけに向けられた言葉であるかのようにも感じた。

　「なぜ『クイック』という、他愛もない素朴な言葉を使ったのか？」私は彼の本意を考え始めた。

　彼の英語力の問題もあっただろうが、単に「速いペースでシリーズを進めよ」と言っているのではない。もっと深いものを意味しているに違いない、というのが私の直感だった。

　「クイックに行う。それがやり方だ！」

　「パタビジョイスは、この言葉で何を言いたかったのか」

　以後 30 年間、この言葉が私のヨガ研究の最重要課題になった。ひたすら考え、考え尽くして辿り着いた結論は「クイックとは鋭敏さ、全力で取り組む姿勢、ダイナミックさ、自信、決断力、確信を意味し、恐れ、疑い、ためらいを無くして無意識に行う習慣を止めること」。つまり、「ヴィンヤサ（意識して行う流れるような動き）だ」と閃いた。

　本書は、アシュタンガ・ヨガ・ヴィンヤサ・システム実践のための前例のないロードマップを真摯なヨガの練習生に提供するものである。ヴィンヤサという稽古場を土台に、アサナ、ヨガ道の両方で高みを目指すための方法を解説している。プライマリー・シリーズのポーズ、ポーズ間の移行、呼吸の全てを細部にわたり懇切丁寧に説明している。一連のヴィンヤサで表面化していない呼吸や動きの解説も含めた。ヴィンヤサを体系的に学べるヨガ史上初の実践書だ。

　本書には私の血、肉、心、魂の全てが費やされていると言っても過言ではない。アシュタンガ・ヨガ・ヴィンヤサ・システムを論理的に系統立てて執筆することは他の人には簡単なことかもしれないが、私にとっては壮大な事業だった。本書（原書）のタイトルである『アシュタンガ・ヨガ・ヴィンヤサ：プライマリーシリーズの動き、呼吸、ポーズ 』の全容を私なりに考え、世間知らずにも自分の言葉で表現し始めたのは少なくとも 15 年前。当時、その解説がいかに壮大なことかに全く気づいていなかったのは幸いだった。気づいていたなら、出版に至らせる自信は全くなかっただろう。

　私は長期にわたり灼熱の挑戦を続けた。下書きを認めては「できた！」と歓喜し、勢いに乗る。そんなことを何百回と繰り返し、その度作家として、ヨガの実践者、指導者として、新しいスキルを学び成長し、それがまた書くためのエネルギーにもなった。

　当然ながら、出版までこぎつけたのは私一人の力によるものでは決してない。多くの人々から温かい協力をいただいた。特に、ジョアンナ・ダーリントン（Joanna Darlington）、

アシュリー・ロー（Ashley Low）、ローラ・マクナマラ（Laura McNamara）には感謝しても仕切れない。3人のエンジェルたちの揺るぎないサポート、私への絶大なる信頼によって、私は数々の難局を乗り越え、アシュタンガ・ヨガ・ヴィンヤサ・システム全容の解説という、私にとって実現不可能そうな事業を現実化することができた。心から感謝したい。

　他にも影響を受けた先生は数え切れない。中でも強い刺激を受けた先生、シュリ・T・クリシュナマチャリヤ（Sri T. Krishnamacharya）、B・K・S・アイアンガー（B.K.S. Iyengar）、マリー・スヴォボーダ（Marie Svoboda）、アディル・パルキバラ（Aadil Palkhivala）、リチャード・フリーマン（Richard Freeman）、チャック・ミラー（Chuck Miller）、ティム・ミラー（Tim Miller）に謝意を表したい。彼らの偉大さ、独特な考え方に触発されなければ、本書を書き上げることはできなかったと思う。特にリチャード・フリーマン氏からは、ヨガの表現方法が無限にあることを学んだ。技術面、ポーズそのものに限らず、エネルギーや神秘性といった捉え所のないヨガの側面を具現化したり、感じたまま詩として表現したりなど、ヨガを形にする方法は無尽蔵なのだと知った。

　最初に私の心に火をつけた先生は、マリー・スヴォボーダ氏。「ヨギはポーズそのものよりも、ポーズへの入り方を大切にするものだ」というヴィンヤサの原則に基づいた彼女独特の見解は大きな刺激になった。彼女の教えは「目的は手段を正当化しない」という言葉を正に実践するもので、ヴィンヤサで言えば、ポーズに入るまでの移行、動き、動作が、ポーズの質、効果、美しさを大きく左右する、となる。彼女からヴィンヤサという言葉を聞いたことはなかったが、彼女のポーズからポーズへの移行に注ぐ情熱、ポーズに入るまでのプロセスをほぼ100パーセント重視する姿勢は、ヴィンヤサの本質を体現している。

　私は常にヨガ哲学やハタ・ヨガ関連の本を手元に置いているが、時間の経過とともに、これらが如何に高価なものかと考えるようになった。『ハタ・ヨーガ・プラディーピカー（The Hatha Yoga Pradīpikā）』『シヴァ・サンヒター（The Śiva Samhitā）』『バガヴァッド・ギーター（The Bhagavad Gītā）』『ヨーガ・ヴァシシュター（The Yoga Vasi stha）』『パタンジャリのヨーガ・スートラ（Patañjali's Yoga Sūtras）』『The Yoga Vasiṣṭha（ヨガ・ヴァーシシュタ）』『ウパニシャッド（The Upanishads）』その他の聖典に出逢い、ヨガという神秘の世界を、アサナ、プラーナヤマ、ムドラなどの身体訓練として、かつ、心や精神の働きを考える科学として理解できるようになった。また、これらの本は、私にヨガの実践を促すだけでなく、「ヨガとは？」という果てしなく大きなテーマを深く考え、文章に起こして人々に提供するという大胆な事業を起こす原動力にもなった。

　私の知識、思考、技術、情熱の全てを本書を通して読者の皆様と共有できるのは、天の計らいだと思っている。感謝以外にない。

　読者の皆様にとって、本書がヨガという神秘の世界で、迷うことなく自分自身の道を見つける手助けとなれば本望である。

2022年10月22日
デイヴィッド・ガリーグ

Contents

献辞…4

本書の構成…8

専門用語の解説…10

オープニングマントラ…13

❁Chapter1　ポーズ

太陽礼拝 A…16

太陽礼拝 B…22

❁Chapter2　立位のポーズ

パダングスターサナ（足の親指を掴むポーズ）…34

パダハスターサナ（手と足で引っ張り合う立位前屈のポーズ）…36

ウティタ・トリコナーサナ（三角のポーズ）…39

パリヴルッタ・トリコナーサナ（ねじった三角のポーズ）…42

ウティタ・パールシュヴァコナーサナ（体側を伸ばすポーズ）…45

パリヴルッタ・パールシュヴァコナーサナ（捻った体側を伸ばすポーズ）…48

プラサリタ・パドタナーサナ A（立って両脚を伸ばすポーズ A）…51

プラサリタ・パドタナーサナ B（立って両脚を伸ばすポーズ B）…54

プラサリタ・パドタナーサナ C（立って両脚を伸ばすポーズ C）…56

プラサリタ・パドタナーサナ D（立って両脚を伸ばすポーズ D）…58

パールシュヴォッタナーサナ（体側を強く伸ばすポーズ）…62

❁Chapter3　プライマリーシリーズのポーズ

ウティタ・ハスタ・パダングシュターサナ（足の親指を掴んで伸ばすポーズ）…68

アルダ・バッダ・パドモッターナーサナ（半蓮華座の前屈のポーズ）…74

ウッカターサナ（椅子のポーズ・激しいポーズ）…78

ヴィラバドラーサナ A・B（英雄のポーズ A・B）…83

パスチモッタナーサナ A・B（西側を強く伸ばすポーズ A・B）…88

プールヴォッタナーサナ（東側を強く伸ばすポーズ）…93

アルダ・バッダ・パドマ・パスチモッタナーサナ（半蓮華座の座位で行う前屈のポーズ）…96

トリアンガ・ムカ・エカパーダ・パスチモッタナーサナ（片脚を曲げた前屈のポーズ）…103

ジャーヌ・シールシャーサナ A（頭を膝に付けるポーズA）…109

ジャーヌ・シールシャーサナ B（頭を膝に付けるポーズB）…115

ジャーヌ・シールシャーサナ C（頭を膝に付けるポーズC）…122

マリーチャーサナ A（賢者マリーチのポーズA）…129

マリーチャーサナ B（賢者マリーチのポーズB）…136

マリーチャーサナ C（賢者マリーチのポーズC）…142

マリーチャーサナ D（賢者マリーチのポーズD）…147

ナヴァーサナ（舟のポーズ）…152

ブジャピダーサナ（肩を圧すポーズ）…156

クルマーサナ（亀のポーズ）・スプタ・クルマーサナ（眠る亀のポーズ）…159

ガルバピンダーサナ（子宮の中の胎児のポーズ）・クックターサナ（鶏のポーズ）…163

バッダコナーサナ A・B（がっせきのポーズA・B）…167

ウパヴィシュタコナーサナ A・B（開脚前屈のポーズA・B）…172

スプタコナーサナ（仰向けの開脚）…176

スプタパダングスターサナ（仰向けで足の親指を掴むポーズ）…180

ウバヤパダングスターサナ（両足の親指を掴むポーズ）…188

ウルドゥヴァ・ムカ・パスチモッタナーサナ（上向きの前屈のポーズ）…192

セツバンダーサナ（橋のポーズ）…196

🪷Chapter4　フィニッシングポーズ

ウルドゥヴァ・ダヌラーサナ（上向きの弓のポーズ）…202

サーランバ・サルヴァンガーサナ（支えのある肩立ちのポーズ）…205

シルシャーサナ（頭立ちのポーズ）…211

ヨガムドラ・パドマーサナ・ウトゥプルティヒ…216

シャヴァーサナ（屍のポーズ）…220

クロージングマントラ…221

プライマリーシリーズのポーズ表…222

用語解説…224

ヨガ八支則 / 9つのドリシュティ（目線）/ サンスクリットの数字…227

著者について / モデル紹介…229

🪷 本書の構成

本書は、ポーズの流れを左から右へ、また各ポーズの解説を写真下に箇条書きにて示している。

ポーズ名（日本語訳） → 🪷 **ジャーヌ・シールシャーサナ A（頭を膝に付けるポーズ A）**

サンスクリット語ヴィンヤサカウント 日本語 マクロ呼吸（*1） →
7サプタ
第7ポジション　息を吸う

マイクロ呼吸（*2）　アクション → 息を吐く　　　　息を吸う　　　　自然な呼吸→息を吸う

(*1) マクロ呼吸は、公式のヴィンヤサのカウントに対応する呼吸の仕方。一方、(*2) マイクロ呼吸は、公式のカウントには含まれない非公式の呼吸で、実践者が太陽礼拝からシャヴァーサナまでの全てのアサナ、ヴィンヤサで実際に行う呼吸を追跡できるように示したもの。

クラウチング　手足に力を入れる
- ピッチャーの投球前の構えのように、腰を低くして体にエネルギーを蓄える。

クラウチング　手足に力を入れる
- ピッチャーの投球前の構えのように、腰を低くして体にエネルギーを蓄える。

両脚両腕に力を入れ、胸を持ち上げ、セットアップ・ポジションをとる

- 右膝を曲げて90度外に向け、胴体を正面を向ける。
- 両腕を前に伸ばし、左手で右手首を掴み、足裏の親指の付け根部分にかけて固定する。
- このポジション（第7ヴィンヤサの最終ステージ）で体を安定させる。
- 頭と胸を上げ、両脚でマットを強く押し、両腕を体の方に引き寄せる。

フルヴィンヤサ → **フルヴィンヤサ**
【サマスティティヒ】
【1　エーカム　第1ポジション　息を吸う】ウルドゥヴァ・ハスターサナ（両手を強く上に上げるポーズ）
【2　ドヴェー　第2ポジション　息を吐く】ウッタナーサナ（激しい前屈ポーズ）
【3　トリーニ　第3ポジション　息を吸う】アルダ・ウッタナーサナ（半分の立位前屈）
【4　チャットヴァーリ　第4ポジション　息を吐く】チャトランガ・ダンダーサナ（四肢で支える杖のポーズ）
【5　パンチャ　第5ポジション　息を吸う】ウルドゥヴァ・ムカ・シュヴァナーサナ（上向きの犬のポーズ）
【6　シャット　第6ポジション　息を吐く】アド・ムカ・シュヴァナーサナ（下向きの犬のポーズ）

フルヴィンヤサとは、全てのポーズをサマスティティヒで始め、サマスティティヒで終わること。本書は「フルヴィンヤサ」の一部だけを行う一般的な練習方法「ハーフヴィンヤサ」を採用しているが、フルヴィンヤサの情報も含めた。

＊**ビンヤサ・メタ・ビュー**
相反する力を巧みに使うことによって、エネルギーを生み出す繊細な技法「ムドラ」が習得できる。ムドラは瞑想の主たる特徴である内なる気づきを喚起する。このポーズで言えば、足にかけた腕を体の方に引き寄せながら、伸ばした足の位置を固定することで生まれる。

＊**ヴィンヤサ・メタ・ビュー**

ヴィンヤサ・メタ・ビューとは、実践者がヴィンヤサの普遍的原則を理解し、かつ、ヨガの深淵なる知恵を見抜く洞察力を得られるように、技術面での説明に加え、ロマンチックな例えや物語などを紹介する一節である。

8 アシュタ
第8ポジション　息を吐く

息を吐く→5〜8回呼吸

ポーズに入る
- 前屈に全意識を注ぎ、力強く目的地に上体を下ろす。
- 呼吸のリズムと一緒に前屈に全神経を注ぐ。

▶アサナ：ジャーヌ・シールシャーサナA（右側）5〜8回呼吸
▶ドリシュティ：パダヨラグライ（つま先）

9 ナヴァ
第9ポジション　息を吸う

息を吸う

セットアップ・ポジションに戻る
- 頭と胴体を起こし、中間地点で静止する。
- 太腿を固定し、スピーディーに背骨の根元から上体を起こす。
- 心を乱す思考を停止し、光輝く「今この瞬間」を満喫する。

息を吐く

クラウチング
- 後傾姿勢をとり膝を曲げる。両足を上げ、両手を腰の前でマットに付け静止する。
- 手足に力を入れ、体内のボルテージを上げて強力なジャンプバックを繰り出す。

10 ダシャ
第10ポジション　息を吸う

息を吸う

スプリング
- 両手で素早くマットを押し、勢いよく体を持ち上げる。
- 両足を引き寄せて、上半身を前傾させる。

ポーズの写真およびその解説（キャプション）

写真下のキャプションは、各ポーズやヴィンヤサを構成する1つ1つの動きを簡潔に説明したもの。

箇条書き

キャプション以下の「-」で始まる複数の説明文は、次の動きに移行する際の身体の動かし方を具体的に説明すると同時に、ハタ・ヨガの技術をより広く、深く応用するためのアドバイスでもある。更に、アシュタンガ・ヨガ／ハタ・ヨガ／ラージャ・ヨガ特有のエネルギー的側面、詩的イメージ、神秘性が理解できるよう呼吸の仕方を説明したり、それらの理解を深めるためのきっかけ作りを意図している。

アサナ：網掛けで示す箇所は、呼吸を5〜8回以上行いながらポーズを維持することを示すと同時に、ドリシュティ（視線・目線）、及び、左右どちら側で行なっているポーズかを示す。

— 9 —

専門用語の解説

身体の3つの基本平面

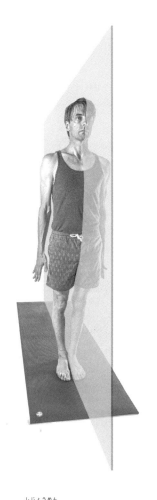

矢状面（しじょうめん）
身体を左右対象に
分ける面

冠状面（前額面または前頭面）
身体を前面と後面に
分ける面で、矢状面（しじょうめん）
に対して垂直な面

水平面
体を上半身と下半
身とに分ける面

クラウチングとスプリング

全てのヴィンヤサ（移行）は次の3つのステージから成る。

1 クラウチング／セットアップ・ポジション

クラウチングとはセットアップ・ポジションである。射手が弓を引いて十分に力を溜め込んでから矢を射るように、アクション（行動）を起こすためのエネルギーを体内に溜める準備姿勢を意味する。

2 スプリング／トランジション

心に描いた形またはゴールに向かって溜め込んだエネルギーを爆発させる。目標の形、ポーズを実現すべく大胆不敵にアクションを起こす。射手が放った矢が、不変の軌道を描きながら空中を疾走するイメージで次の動作をとる。

3 目的地に降りる／アサナの体現

心に描いたポーズを体現する。ポーズを決めたら、矢が標的の中心（雄牛の目）を突き刺した後に訪れる静けさのごとく、全ての動きを静止させる。

例1

1 クラウチング／セットアップ・ポジション　　2 スプリング／トランジション　　3 目的地に降りる／アサナの体現

例2

1 クラウチング／セットアップ・ポジション　　2 スプリング／トランジション　　3 目的地に降りる／アサナの体現

例3

1 クラウチング／セットアップ・ポジション　　2 スプリング／トランジション　　3 目的地に降りる／アサナの体現

例4

1 クラウチング／セットアップ・ポジション　　2 スプリング／トランジション　　3 目的地に降りる／アサナの体現

パタンジャリのサマスティティヒ

オープニングマントラ

Om

オーム

Vande Gurunam Charanaravinde

ヴァンデー グルーナーム チャラナーラヴィンデー

Sandarshita Svatma Sukava Bodhe

サンダルシッタ スワートマ スカーヴァーボーデー

Nih Sreyase Jangali Kayamane

ニッシューレーヤセー ジャーンガリー カーヤマーネー

Samsara Halahala Mohashantyai

サムサーラ ハラハーラ モーハ シャンティエ

Abahu Purushakaram

アーバーフ プルシャーカラン

Shankha Cakr Asi Dharinam

シャンカ チャクラ アシ ダハーリナム

Sahasra Sirasam Svetam

サハスラ シラサム シュウェータン

Pranamami Patanjalim

プラーナマーミ パタンジャリム

Om

オーム

＜日本語訳＞

オーム

生きとし生けるもの全ての心に宿る永遠なる至高のグルよ、

その蓮の花の御足にひれ伏して祈ります。

グルはヨガの道を示してくださいます。自分が自分であることに満足し、

自分の本質に気づかせてくださいます。内なる教師は実際には私なのだと。

荒れ果てた心を安らぎの聖域に変え、この世のあらゆる出来事への執着から起こる混乱を

和らげる、シャーマンとしての私です。

上半身は人間の形をし、手には法螺貝と光の円盤を持ち、

下半身は、千の頭を持つ蛇の形をした、

聖者パタンジャリの前にひれ伏しましょう。

オーム

＊アシュタンガヨガでは、練習の始めに祈りを捧げることを習慣とします。上に紹介した2つの詠唱のうち1つ目（上段）は、インドのヒンドゥー教の哲学者かつ神学者であるアディ・シャンカラ著の「Yoga Tārāvali」（ハタヨガの経典）の冒頭の一節。もう1つ（下段）は、パタンジャリの「ヨガ経典」の解説書「Rājamārtanda」の一部である。

Chapter 1
ポーズ

太陽礼拝 A

サマスティティヒ　0ポジション

自然な呼吸

サマスティティヒ
- 背筋を伸ばし、足裏全体でマットを押し付け、太腿に力を入れる。
- 指先を伸ばして腕を体側に沿って下ろす。
- へそを引き上げ胸を大きく広げる。

0ポジション
▶サマスティティヒ（安定した直立の姿勢）
▶ドリシュティ：アグラタハ（前方）

1エーカム　第1ポジション　息を吸う

息を吸う

腕を頭上に振り上げる
- 手のひらを外に向けて素早く両腕を上げる。
- 体側から上方向に半円を描くように上げる。喉の奥を締めるようにしてシューッという音を立てながら細く長く息を均等に引き込む（ウジャイ呼吸法）。
- 動きを止めると同時に息を吸い切る。
- 両手を頭上で合わせ、手首、肘、肩、腰、膝、足首を一直線上に重ね合わせる。

✲ヴィンヤサ・メタ・ビュー（＊）
吸う息の滑らかな音と頭上に振り上げる両手の動きを合わせる。頭上で両手を合わせる動作をムドラ（エネルギーの封印）、すなわち大霊への謙虚な祈りの所作だと捉えよう。この最もシンプルで基本的な所作に没頭することでヴィンヤサの不思議なパワーが徐々に湧き出る。

（＊注：ヴィンヤサ・メタ・ビューとは、実践者がヴィンヤサの普遍的原則を理解し、ヨガの深遠なる知恵を見抜く洞察力を得られるよう技術的な説明に加え、ロマンチックな例えや物語などを紹介するものである。）

▶第1ヴィンヤサ　ウールドヴァ・ハスターサナ（両腕を上げたポーズ）
▶ドリシュティ：アングスタ・マ・ディヤイ（親指）

2 ドヴェー　第2ポジション　息を吐く

息を吐く

2番目のポジションに向かって前屈
- 胴体を前方に突き出すように伸ばしながらスムーズに体を折り畳む。
- 股関節を起点に前屈する。大腿骨の先端が股関節窩で滑らかに回転するのを意識する。
- 上体が両脚にピタリと合わさると同時に息を吐き切る。
- 両脚は真っ直ぐ強固に保ち、両手を両足の脇に置き床をしっかり押し付ける。腕に力を入れ、頭と胴体を脚にそっと近づける。
- 静寂さを味わう（体を停止させる）。

▶第2ヴィンヤサ　ウッタナーサナ（立位前屈）
▶ドリシュティ：ナサグライ（鼻先）

3 トリーニ　第3ポジション　息を吸う

息を吸う

頭を上げ背骨を床と平行にして、セットアップ・ポジションをとる
- 背骨を真っ直ぐに保ったまま床と平行にし、喉の奥を締めるようにしてシューッという音を立てながら細く長く息を引き込む（ウジャイ呼吸）。
- 腕をピンと伸ばし、肩を後ろに回して胸を開き、指先でマットをしっかり押す。
- 床を押し付ける手足と、真っ直ぐに伸びる背骨のコントラストを意識する。
- 姿勢を安定させ、息を吸い終える。軽視しがちな第3ヴィンヤサを正しく理解し、正確に行う。

▶第3ヴィンヤサ　アルダ・ウッターナーサナ（半分の立位前屈）
▶ドリシュティ：ブローマディヤ（眉間）

4 チャットヴァーリ　第4ポジション　息を吐く

息を吐く

体をコンパクトに収め、クラウチングの姿勢になる
- 膝を曲げ、頭を上げ、胸を前方に突き出し、腰を落としてスクワットの姿勢をとる。
- 太腿を引き寄せ脚全体を胴体の真下に配置する。
- バランスが崩れそうになるギリギリまで上体を前傾させて重心を移動する。

2）ジャンプ（またはステップバック）してプランクの姿勢になってから、チャトランガに移行する。

● プランクでは両腕を真っ直ぐ伸ばして体を安定させる。
● 肘を曲げ、チャトランガ・ダンダーサナに移行する。

息を吐き続ける

ジャンプバックまたはステップバックでチャトランガ・ダンダーサナに移行する

＜2つのジャンプバックの方法＞
1）直ちにチャトランガにジャンプする。
● 肘を素早く曲げる。
● 脚をジャンプで素早く後方に移動する。
● 完全に停止する。

▶ 第4ヴィンヤサ　チャトランガ・ダンダーサナ
▶ ドリシュティ：ナサグライ（鼻先）

Chapter1 ポーズ

5 パンチャ　第5ポジション　息を吸う

息を吸う

頭を上げ、背骨を反らし、両腕を真っ直ぐ伸ばして床を押す

- チャトランガ・ダンダーサナからアップワード・ドッグへの移行では、頭を振り上げ、背骨をアーチ(弓形)にし、両腕を真っ直ぐ伸ばして床を押し、脚に最大限の力を加える。
- 手足を真っ直ぐ伸ばす、背中を反らす、肺いっぱいに空気を吸い入れる、という各動作を力強く同時に行う。この高難度の移行を繰り返すことで、歯切れ良いリズムと推進力を確立する。

▶第5ヴィンヤサ　ウールドヴァ・ムカ・シュヴァーナーサナ（上向きの犬のポーズ）
▶ドリシュティ：ブローマディヤ（眉間）

6 シャット　第6ポジション　息を吐く

息を吐く→5～8回呼吸

お尻を高く上に突き出し、ダウンドッグのポーズをとる

- お尻を勢いよく後ろに引き、両足を滑らかに返し甲を上向きにして、力強くダウンドッグのポーズに入る。
- 両手でしっかりと床を押し、両腕に力を入れ、太腿の裏側をピンと張って、背骨を大胆に床に押し込む様に行う。

▶第6ヴィンヤサ
▶アサナ：アド・ムカ・シュヴァーナーサナ（下向きの犬のポーズ）　5～8回呼吸をする
▶ドリシュティ：ナビ・チャクラ（へそ）

7 サプタ　第7ポジション　息を吐く		8 アシュタ 第8ポジション　息を吐く
息を吐く	息を吸う	息を吐く

低くしゃがみ、息を吐き切る
- 両手でしっかりと床を押し、両腕に力を入れ、膝を曲げ、しゃがんで構える。
- 腰を落とし、脚と腕に力を蓄え、体の中心を活性化する。

☀ **ヴィンヤサ・メタ・ビュー**
ゆっくりとクラウチングのポーズをとり、静止したまま全身にエネルギーを溜め込み、その後ジャンプする。

前方にジャンプし、頭を上げ、セットアップ・ポジションに入る
大胆に前方にジャンプする。両手の間に着地して両足の裏でマットを強く押し付ける。
- 両腕を伸ばし、指先を立て、胸を持ち上げる。
- 強くしっかりと伸びた脚から背骨を離し前方に突き出して、最終ポジションでしっかりと体を固定する。

☀ **ヴィンヤサ・メタ・ビュー**
躊躇なく移行し、クラウチングとスプリングから成るヴィンヤサに挑む！

▶第7ヴィンヤサ　アルダ・ウッターナーサナ（半分の立位前屈）
▶ドリシュティ：ブローマディヤ（眉間）

固定した脚に向かって上半身を急降下させ、肺を空っぽにする
- 頭、胴体を躊躇なく前に折り畳む。
- 根を張らせた力強い脚に胴体を近づけることで、遊び心のある、かつ大胆な動きを作る。
- ピタリと正確に停止し、瞬時にフォームをコントロールする。
- 次の点に留意して体を活性化する：
● 体重を前方に乗せたままにする。
● 両手を足の両側に置き、マットを強く押す。
● 腕と脚に力を入れる。
● 頭、胴体を、長く伸びた脚の方に柔らかく押し込む。

▶第8ヴィンヤサ　ウッターナーサナ（立位前屈）
▶ドリシュティ：ナサグライ（鼻先）

9 ナヴァ
第9ポジション　息を吸う

息を吸う

上半身を起こし両手を頭上に伸ばし、肺いっぱいに息を吸う

- 上半身を起こしながら両腕を脇から頭上に上げる。両方の足裏でマットを押し付け「歯ぎしりしてしまうほど」脚に力を入れる。『ヨーガ・ヴァシシュター(The Yoga Vasiṣṭha)』には、練習には精力的に取り組み、自分の運命を自分で支配することの必要性が説かれてある。
- 全身を固定させるためのパワーを瞬時に出す。脚、胴体、骨盤、腕を避雷針と化し、体全体に強大なプラーナ（エネルギー）を伝導させる。
- 天上の神々が注目して花の雨を降らせるほど素晴らしい伝説的な「不動の姿勢」を作る。

▶第9ヴィンヤサ　ウールドヴァ・ハスターサナ（両手を強く上に上げるポーズ）
▶ドリシュティ：アングスタ・マ・ディヤイ（親指）

サマスティティヒ
0ポジション　息を吐く

息を吐く

息を吐きながら（ウジャイ呼吸）、腕をゆっくり下ろしサマスティティヒの姿勢になる

- 両腕を下ろす際、両脇の空間いっぱいに腕を伸ばして腕全体を意識する。
- 均一で安定したリズムで腕を大きく振り下ろすことで、息も均一のリズムで吐けるようにする。
- 息を吐く時は、「ハー」という滑らかな空気の通る音を出す。
- タダーサナ（山のポーズ）をとったら、感覚に焦点を当て、マインドを安定させて、立つという基本的な姿勢に偉大なるパワーを探る。

▶0ポジション　サマスティティヒ（力の配分が均一で安定した直立の姿勢）
▶ドリシュティ：アグラタハ（前方）

太陽礼拝 B

サマスティティヒ　0ポジション

自然な呼吸

サマスティティヒ
- 大樹のよう深く根を張り、背筋を伸ばして立つ。人間の美しさを宇宙に示そう！

▶ 0 ポジション　サマスティティヒ（力の配分が均一で安定した直立の姿勢）
▶ ドリシュティ：アグラタハ（前方）

1 エーカム
第1ポジション　息を吸う

息を吸う

膝を曲げ、腕を頭上に振り上げる
- 膝を曲げ腰をかかとに向けて下げハーフスクワットになる。同時に斜め前方に腕を振り上げる。
- 脛、膝、腿を大きく前に出す。骨盤、胴体、頭、腕も前方に押し出す。
- 両方の手のひらを合わせ、体を月に打ち上げるかの如く両腕を力強く振り上げる。同時に両足の裏でマットを強く押し付け体は地上に繋ぎ止めるようにする。

☀ ヴィンヤサ・メタ・ビュー
ウッカターサナは腰を落としてハーフスクワットになると同時に、腕を伸ばす。また、膝を曲げるのと腕を伸ばすのを同じ速度で行い、腕の動きを止めると同時に腰と脚の動きも止める。ヨギよ！全ての身体部位がチームとして機能する時、意図が明確になり、集中力、協調性、識別力が冴える。その恩恵に預かろう！

▶ 第1ヴィンヤサ　ウッカターサナ（鋭く突き刺すポーズ）
▶ ドリシュティ：アングスタ・マ・ディヤイ（親指）

2 ドヴェー
第2ポジション　息を吐く

息を吐く

前屈の姿勢になる
- ハーフスクワットから背骨・胸を前方に突き出すと同時に脚を真っ直ぐに伸ばす。次に、伸ばしたまま脚に向かって頭と胴体を下ろす。
- 手でマットを強く押し付け、腕と脚に力を入れ、背骨を少し丸めて、前屈の姿勢になったらピタリと停止する。

▶第2ヴィンヤサ　ウッタナーサナ（立位前屈）
▶ドリシュティ：ナサグライ（鼻先）

3 トリーニ
第3ポジション　息を吸う

息を吸う

胸を開き、腕を真っ直ぐに伸ばし、脚に力を入れる
- 肺いっぱいに空気を吸い込みながら、リズミカルに頭を持ち上げ、背骨・胸を前方に突き出す。

▶第3ヴィンヤサ　アルダ・ウッターナーサナ（半分の立位前屈）
▶ドリシュティ：ブローマディヤ（眉間）

4 チャットヴァーリ
第4ポジション　息を吐く

息を吐く

腰を落とし前に屈んでクラウチングの姿勢になる
- 膝を曲げ、太腿を前方に引き寄せ、体を低くコンパクトに丸める。
- 前傾姿勢で腕に体重をかけ、次のアクションの準備をする。

☀ **ヴィンヤサ・メタ・ビュー**
次の3段階を経て各ポジションに移行する。
1　うずくまり状態（クラウチング）からスタートする。
2　躊躇なくアクションを実行する。
3　明確にイメージしたフォームで目的地に降りる。

息を吐き続ける

ジャンプして四肢で支える杖と化する！
- 両足を後方に蹴り下げると同時に肘を曲げ、胸を前方に突き出す。
- 四肢で支える杖のポーズ（チャトランガ・ダンダーサナ）をとり、全ての動きを止め、肺を空っぽにする。

▶第4ヴィンヤサ　チャトランガ・ダンダーサナ（四肢で支える杖のポーズ）
▶ドリシュティ：ナサグライ（鼻先）

5 パンチャ
第5ポジション　息を吸う

息を吸う

頭を上げ、腕に力をいれ、胸を開く
- 両足を後方に - 空中に鼻で円を描くように頭を上げる。
- 胸を持ち上げて背骨を反らす。
- 目的の形（アップドッグ）になったら次の事柄を意識する：
● 腕に力を入れてマットを押し付け、頭と背骨を肩から遠ざける。
● 脚に力を入れて踏ん張る。
● 視線を上後方に向け、頭と脚の両方を後方に伸ばす。頭と脚は後方、背骨は前方に突き出す！を意識する

▶第5ヴィンヤサ　ウールドヴァ・ムカ・シュヴァーナーサナ（上向きの犬のポーズ）
▶ドリシュティ：ブローマディヤ（眉間）

6 シャット
第6ポジション　息を吐く

息を吐く

お尻を後ろに引き高く上に突き出し、ダウンドッグになる

- お尻を後ろに強く突き出すと同時にその勢いで足首を返して甲を上向きにし、肺を完全に空っぽにする。
- 次のアクション、ランジ（大きく前に踏み込む動作）のポーズを意識する。

▶第6ヴィンヤサ
▶アサナ：アド・ムカ・シュヴァーナーサナ（下向きの犬のポーズ）　5〜8回呼吸をする
▶ドリシュティ：ナビ・チャクラ（へそ）

7 サプタ
第7ポジション　息を吸う

息を吸う

片足を大きく踏み出しランジの姿勢を作る。腕を頭上に伸ばし手のひらを合わせる

- 左足つま先を45度の角度に向け、右足を両手の間に移動させる。
- 体を起こす前に、次のアクション、ランジへの意識を高める。右の太腿はマットと平行に、右膝は右足首の真上に来るようにする。
- 上体を真っ直ぐ起こしてランジを行い、両腕を床と垂直に振り上げる。
- 体勢が整ったら、身体部位全ての位置を微調整する。
- 両脚に力を入れ足裏でしっかりマットを押し、骨盤の左端をできる限り正面に向かせ、後ろ脚を最大限に伸ばす。
- 尾てい骨を下ろして固定させ、へそを引き上げる。
- 背中の中ほどを大きく伸ばし、肋骨の下部を引き込む。
- 頭を後ろに傾け、胸骨を前に突き出す。
- 両腕を頭の前上に勢いよく上げ、両手を合わせて祈りのポーズをとる。

▶第7ヴィンヤサ　ヴィーラバドラーサナA（戦士-ポーズA）
▶ドリシュティ：アングスタ・マ・ディヤイ（親指）

8アシュタ
第8ポジション　息を吐く

息を吐く

両手をマットに植え付けるように強く押し、脚を後方に蹴り下げてプランクを行い肘を曲げる

- 両手を右足の両側でマットに付け、脚を後ろに蹴り下げてプランクポーズをとったら、両腕を完全に伸ばした状態で一瞬静止する。その時、手足を活性化し、速やかにダンダ（棒状の形）を完成させる。
- 肘を曲げ、四肢の杖のポーズをとりながら、『ハタ・ヨーガ・プラディーピカー』で説かれているように「適切に、スピーディーに」肺の中の空気を掃き出す。

▶第8ヴィンヤサ　チャトランガ・ダンダーサナ（四肢で支える杖のポーズ）
▶ドリシュティ：ナサグライ（鼻先）

9ナヴァ
第9ポジション　息を吸う

息を吸う

背骨を反らし、腕を真っ直ぐにしてマットを押し、アップドッグのポーズをとる

- 正確なタイミングで足首を返して甲を下に向け、頭を持ち上げ、背骨を反らしながら両腕両脚を伸ばす。
- アップドッグのポーズできれいに静止し、次の点を意識しながら後屈を体現する：
● 脚を固定する。
● 腕を根付かせるようにマットを強く押す。
● へそを引き上げる。
● 胸を膨らませる。
● 視線を上へ、そして後ろへ向ける。

▶第9ヴィンヤサ　ウールドヴァ・ムカ・シュヴァーナーサナ（上向きの犬のポーズ）
▶ドリシュティ：ブローマディヤ（眉間）

10 ダシャ
第10ポジション　息を吐く

息を吐く

お尻を引いて目的地まで引き上げる
- お尻を力強く後方に引きながら息を吐く。
- 瞬時にダウンワード・ドッグの形をとり、次のアクション（左足を前に踏み出す）を意識する。

▶第10ヴィンヤサ　アド・ムカ・シュヴァーナーサナ（下向きの犬のポーズ）
▶ドリシュティ：ナビ・チャクラ（へそ）

11 エーカーダシャ
第11ポジション　息を吸う

息を吸う

反対側の足を前に踏み出しランジを行い、両腕を上げる
- 右足を45°に開き、左足を両手の間に移動させる。
- 腰を深く落とし、左の太腿をマットと平行にし、右膝を足首の真上に並べる。
- 下半身を固定し、体幹を真っ直ぐに立たせ、両腕を頭上に振り上げる。
- 戦士のポーズAを行い両手を合わせ、両腕を矢と化し、天空を突き刺す勢いで垂直に上に伸ばす。
- 頭を後ろに傾け、視線を親指の先に向け、鎖骨を前に突き出す。
- 腹部を引き上げ、力強くマットを押し付けている足・脚から骨盤を上方に引き離す。

▶第11ヴィンヤサ　ヴィーラバドラーサナA（戦士のポーズA）
▶ドリシュティ：アングスタ・マ・ディヤイ（親指）

12 ドヴァーダシャ
第12ポジション 息を吐く

息を吐く

プランクを行い、体を低くしてチャトランガ・ダンダーサナの形を作る
- 両手でマットを強く押し、両腕を完全に伸ばしてプランクポーズをとる。
- 肘を曲げてチャトランガ・ダンダーサナを行い、全身を1つのユニットとして維持する。
- 体勢が整ったら、足から頭の天辺まで体の中心に沿って光が走るのをイメージする。

▶第12ヴィンヤサ チャトランガ・ダンダーサナ
▶ドリシュティ：ナサグライ（鼻先）

13 トラヨーダシャ
第13ポジション 息を吸う

息を吸う

頭で空中に円を描くように背骨を反らし、アップドッグに入る
- 空中に鼻で円を描くように頭を上げると同時に腕を真っ直ぐ伸ばし、背骨を反らして弓の形を作る。
- 脚と腕を完全に伸ばし、手足で強くマットを押して背骨が完璧な弓状になった時点で躊躇なく停止する。

▶第13ヴィンヤサ ウールドヴァ・ムカ・シュヴァーナーサナ（上向きの犬のポーズ）
▶ドリシュティ：ブローマディヤ（眉間）

14 チャトルダシャ
第14 ポジション

息を吐く

エコノミカルに（最小限の動きで）アップドッグからダウンドッグに移動する
- お尻を力強く後ろに引き上げ、勢いよく足首を返し甲を上に向け自信に満ちた「下向きの犬のポーズ」を行う。

❋ヴィンヤサ・メタ・ビュー
本書では「エコノミカルに」という言葉が頻繁に使われる。ヴィンヤサでいうエコノミカルとは次を意味する。
- ◉効率よく動き、効率よい努力を行う（無駄な努力をしない）。
- ◉ポーズ間の移行を必要動最小限の動きで実行できるように、セットアップのポジションを正確にとる。
- ◉セットアップからアサナの最終形に最短ルートで移動するための経路を見つける。
- ◉迷い、疑い、恐れ、考えすぎ、優柔不断さを除去する。
- ◉土台を固め、動作に入ったら体位変換を避ける。
- ◉クラウチング、スプリング、デスティネーションの微妙なコーディネーション感覚を養う。

▶第14 ヴィンヤサ
▶アサナ：アド・ムカ・シュヴァーナーサナ（下向きの犬のポーズ）5〜8回呼吸
▶ドリシュティ：ナビ・チャクラ（へそ）

15 パンチャダシャ
第15 ポジション　息を吸う

息を吐く

クラウチングの姿勢に体を沈め、スプリングの準備をする
- 体をマットに沈め、太腿を胴体の下に引き入れ、エネルギーが背骨の中心に沿って下るように息を吐く。矢を放つ前に弓を張るように、エネルギーを溜め込む。

16 ショーダシャ
第16ポジション　息を吐く

息を吸う　　　　　　　　　　　　　息を吐く

前方に軽く飛び跳ね、セットアップ・ポジションをとる

- 効率よく跳ねて前方に移動する。躊躇なく飛躍し両手の間に着地する。
- 頭を上げ、腕を伸ばし、背筋を伸ばして、真っ直ぐに伸びた力強い脚から遠ざけるように胸を前方に突き出す。
- この重要なセットアップを素早く体現し、前屈の準備をする。

❋ヴィンヤサ・メタ・ビュー
アシュタンガ・ヴィンヤサ・システムが非常によくできたシステムだと考えられている理由は、1つに、各ポーズに入る前のセットアップ・ポジション（準備体勢）にある。準備体勢は、身体にエネルギーを蓄え、呼吸と連動し、力強くかつ手際良く次のポーズに移行するのを容易くする。ここでのセットアップは、前方に跳ねて移動した後、両足をしっかりマットに付け、頭と胸を半分ほど上げ、手足をしっかりマットに根付かせ、背骨を長くすることだ。これらの動きを正確に行うことで、次の前屈のポーズがやり易くなる。ヨギよ、ポーズの前のポーズがいかに重要かを覚えておくがよい。ヴィンヤサを熟知している者だけが理解できる！

▶第15ヴィンヤサ　アルダ・ウッターナーサナ（半分の立位前屈）
▶ドリシュティ：ブローマディヤ（眉間）

前屈してウッターナーサナになる

- ジャックナイフを閉じるように、力強くマットを踏みしめている脚に向かって頭と胴体を振り下ろす。
- 上体を前に倒しながら力強く息を吐く。
- 両手を両足の外側に置きマットを押し付け、腕にも力を入れる。
- 前に転倒しそうでしないギリギリのラインまで前に体重をかける。腰、膝、足首を垂直線上に置き、安定が保てるか崩れるかの際どい分かれ目で完璧なバランスを見つける。

▶第16ヴィンヤサ　ウッターナーサナ（立位前屈）
▶ドリシュティ：ナサグライ（鼻先）

17 サプタダシャ
第17ポジション　息を吸う

息を吸う

膝を曲げてスクワットになり、両腕を上に伸ばして両手を合わせる

- リズミカルに息を吸うと同時に体幹を真っ直ぐに立たせ、膝を曲げ腰を落としてハーフスクワットになり、両腕を体側から頭上に上げる。
- 膝を前に突き出し、お尻をかかとに向けて沈め、太腿に体重を乗せる。
- 両腕を振り上げ、頭の斜め上で両手を合わせてピタリと静止する。
- 一連の動きの間スムーズな呼吸を行う。一定した滑らかな呼吸を続けることで、1つ1つの動きが繋がり組み合わさって1つのポーズが完成するのだと意識する。

▶第17ヴィンヤサ　ウッカターサナ（鋭く突き刺すポーズ）
▶ドリシュティ：アングスタ・マ・ディヤイ（親指）

サマスティティヒ
0ポジション　息を吐く

息を吐く

両腕を下ろし、脚を伸ばし、息を吐きながら、サマスティティヒに入る

- 足元にエネルギーを走らせ、太腿に体重をかけ、頭と背骨を真っ直ぐ上に突き上げて、スローモーションで立ち上がる。
- 両脚を真っ直ぐに伸ばし、肺を空にするのと同じスピードで、両腕を体側に沿って滑らかに下す。
- マインドと感覚に焦点を当てる。ハートの奥底に宿る真の自分以外のもの全てを意識から除外する。

▶0ポジション　サマスティティヒ
▶ドリシュティ：アグラタハ（前方）

Chapter 2
立位のポーズ

🪷 パダングスターサナ（足の親指を掴むポーズ）

サマスティティヒ
0ポジション

１ エーカム
第1ポジション　息を吸う

息を吐く　　　　　　　　　息を吸う

直立の姿勢
- 背筋を伸ばし足裏でマットを押し付け、小型版「クラウチングとスプリング」に備える。
- 錬金術の実験のごとく、ヨガの５大元素：大地（土）、水、火、空気（風）、宇宙（空間）を体内で混合させサマスティティヒを行う。

✴ ヴィンヤサ・メタ・ヴュー
世の中には多種多様の事物が混在しているように見えるが、肉眼と心の目の両方で観察してみると、実際にはたった5つの要素（大地（土）、水、火、空気（風）、宇宙（空間））しかない。
そう！私たちと世界を構成している要素は5つだけ。私たちヨギは、アサナ、プラーナヤマ、ムドラを通してこれら5つの要素の具現化を目指し、惜しみなく努力する。自分の行動、制作物、知識の全てに、大地（土）、水、火、空気（風）、宇宙（空間）それぞれのエッセンスを見出す訓練をしてアサナの魔術師になろう。そうすれば自分のオリジナリティを見つけることができる。

両手を腰に当て腰を落としてクラウチングの姿勢になる
- 尾てい骨に向けて息を吐きながら、両足に力を入れ、膝を曲げ、腰を落としてハーフスクワットになり脚に力を蓄える。
- スプリングの準備をする。

✴ ヴィンヤサ・メタ・ビュー
これらは微妙な動きだがヴィンヤサの核を成す。重要視しなければならない。

小さくジャンプして両足を開き、体の垂直軸を意識してセットアップ・ポジションに入る
- 足を腰幅に開き、脚を長く伸ばし、へそを引き上げ、胸骨を引き上げて上方を見る。
- 全身を１つのユニットとして活性化し、ダイナミックな前屈の準備をする。

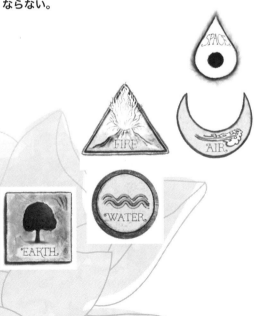

Chapter2 立位のポーズ

	2 ドヴェー 第2ポジション　息を吐く	3 トリーニ 第3ポジション　息を吸う
息を吐く→吸う	息を吐く→5〜8回呼吸	息を吸う

セッツアップ・ポジションまで体を前に倒し、足の親指を握る

- 肺を空っぽにし、股関節から上半身を折り畳むように倒し中間点まで来たら停止。
- 中指と人差し指で足の親指を掴む。
- バランスが崩れそうになるギリギリのラインまで上体を前に傾けて重心を移動し、セットアップのポジションを作る。
- 以下の動作で前屈の準備をする：
◉腕と脚を伸ばし、手の指で足の親指を持ち上げ、背骨・胸を大胆に前に突き出す。
◉巧みに息を吸い込み、お腹をへこませ、ルートからパワー（シャクティ）を吸い上げ、アクションの準備をする。

体を前に折り畳み、肺から空気を吐き出す

- 固定した脚に向かって頭と胴体を振り下ろす。
- 足の親指をしっかり握り、両脚を伸ばし、前屈姿勢を保ちながら、小さくも力強いアサナに入る。
- 頭と胴体を前に折り畳み両脚にピタリと合わせたら、両脚を強く長くし、両肘を外側に張り、尾てい骨から頭部までの背骨全体を解放する。

▶アサナ：パダングスターサナ 5〜8＋回呼吸
▶ドリシュティ：ナサグライ（鼻先）

頭を上げ、セットアップ・ポジションに戻る

- 体重を前方に移動し、体幹を引き上げ、力強く固定した脚から背骨を離し前方に大胆に突き出す。
- 足の親指のグリップを強め、腕を十分に伸ばし、前屈と立位の中間点で躊躇なく停止する。
- 太腿に力を入れ、背骨を前方に突き出す。
- そのままの姿勢で自然に呼吸し、次のポーズ、パダハスターサナの準備をする。

パダハスターサナ(手と足で引っ張り合う立位前屈のポーズ)

1 エーカム
第1ポジション　息を吸う

息を吸う

2 ドヴェー
第2ポジション　息を吐く

息を吐く→ 5〜8回呼吸

両手を足の下に入れ頭と胸を上げる
- 両手の上に体重を乗せ、バランスが崩れそうになるギリギリのラインまで体を前傾させて重心を移動する。
- 両足で手、マットを押し付け、脚と腕を長く伸ばし、頭と胴体を引き上げる。
- 背骨を伸ばすと同時に肺を空気で満たす。
- 全身に魂を込めよう。そうすれば、ハタ・ヨガの愛好家たちが、なぜこのシンプルな姿勢を重視するのかが分かるはずだ。
- 前屈の準備をする。

前屈する
- 上半身を不動の脚に引き寄せながら折り畳み、バランスが崩れるか保てるかのギリギリの状態まで重心を前方に移動したら停止。
- 前に倒れそうになる恐怖心を払拭し、勇敢に腰、膝、足首を垂直に積み重ねる。腰を後ろに引かない。
- 頭と胴体が自然に止まる場所を見つける。次の点を意識して上下2方向に走るエネルギーを感じとる：
1）全身を活性化し、胴体と両脚との隙間を埋めるよう巧みに調整する。同時に骨盤を高く引き上げ、両脚をしっかりとマットに押し付ける。
2）滝が流れ落ちるように、背骨と頭を下方向に開放する。
- 安定を保ちながら、サマーディ（精神集中が深まりきった状態）を作り出す。呼吸が深くなり、マインドが自然に空になるのを観察する。

▶アサナ：パダハスターサナ　5〜8＋回呼吸
▶ドリシュティ：ナサグライ（鼻先）

3トリーニ　第3ポジション　息を吸う

息を吸う

息を吐く

セットアップ・ポジションに戻る
- 頭を上げ、腕を伸ばしたままエネルギーを上方向に走らせ、両足で両手を踏み付ける。
- 重心を前方に置いたまま停止。この奇妙なポジションに体を預けよう。

✼ ヴィンヤサ・メタ・ビュー
両足で両手を踏みしめ、腕に沿ってエネルギーを上方向に伝わせる行為は、体中のプラーナ（生命力）を呼び起こし、ブッディ（洞察力）を得るためのムドラ（エネルギーの封じ込め）である。

両手を腰に当て、そのままの姿勢で息を吐ききる
- この中間点で『捉え所のない謎の』ウディヤナ・バンダ（へそを背骨の方に引き込み、横隔膜を持ち上げ、内臓を肋骨方向へ引き上げる操作）をマスターしよう！手順は次の通り：
- ● 立位と前屈の中間点で潔く停止する。
- ● 息を吐く。息が背骨に沿って上から骨盤底に走るよう意識する。
- ● 両手で腰を掴み、両腕に力を入れる。
- ● 太腿の裏側をピンと張り、背骨を前方に突き出す。
- ● 忍耐強くこれらの動作を続けると、腹部全体が引き上がり空洞が生まれる。非常に驚くべき現象だ。

【フルヴィンヤサ】
サマスティティヒ

サマスティティヒ

息を吸う

息を吐く

足でマットを押し付け、胴体を滑らかに起こして立位の姿勢になる

- 息を吸いながら、中間点からスッと体を起こす。
- 頭と胴体をマットと水平状態から垂直になおす際、背骨と脚を最大限に長く保つ。
- 頭で空中に大きな円を描くようにイメージしながら、体を起こす。

膝を曲げ、腰を下ろしてハーフスクワットになる

- 巧妙にクランチングの姿勢になり、エネルギーを溜めてスプリングに備える。

息を吐く

サマスティティヒの姿勢になり、プラティバー（純粋性から起こる悟り）を目指す！

- 両足を正確に揃え、両腕と両脚を伸ばし、体の縦軸に沿って背筋の伸びた美しい姿勢を瞬時にとる。

☀ヴィンヤサ・メタ・ビュー
偉大なる言葉、サンスクリット語の「プラティバー」の意味とは：
1）瞬時の具現化
2）突然の出現
3）輝ける知
4）明るさ、輝き
5）大胆さ、自信
6）鬼才

思い描いた形を瞬時に具現化する。夜空に閃光を放つ稲妻のように、大胆かつ迅速にイメージを体現する。

ウティタ・トリコナーサナ（三角のポーズ）

サマスティティヒ
0ポジション

1 エーカム　第1ポジション　息を吸う

息を吐く　　　　　　　　　　息を吸い続ける

サマスティティヒ
- 明確な意識を持って立つ。フォームの厳格さの中に開放感を見出す。
- 体の垂直軸に意識を向け1本のラインを巧みに表現しよう。その綺麗なラインがあらゆるポーズの美しさの秘訣だ。

クラウチングの姿勢でアクションの準備をする
- 腰を落としてハーフスクワットになり、両手を胸骨の前、マットと水平に位置させ両手の指を上下に重ねる。

息を吸う

両足の角度を変え、両脚を外旋させてセットアップ・ポジションをとる
- 右足を90度に開き、左足を10度内側に向ける。
- 両脚を外旋させ、骨盤を水平に保ち、背骨を体の垂直軸に沿って高く伸ばす。
- 両足でマットを押し付け、太腿に力を入れ、へそを引き上げ、胸を開く。
- 両脚、両腕を十分に伸ばし、骨格全体を活性化してトリコナーサナの準備をする。

右側にジャンプし、両腕を水平に広げる！
- 両腕を左右水平に広げながら大きくジャンプし、体の向きをマットの長辺と平行になるように変える。着地は足の親指の付け根で軽快に行う。

2 ドヴェー 第2ポジション	3 トリーニ 第3ポジション　息を吸う	
息を吐く→5〜8回呼吸	息を吸う	息を吸い続ける

両脚に力を入れて踏ん張り、体を右側に倒し右足の親指を掴む

- 骨盤を傾け、右腕を水平に伸ばす。
- 体を右側に倒す際、両脚と両腕を固定して背骨を突き出す。
- 右足の親指を掴むか、右手を右足の横に置く。
- 左の手、肘、肩を垂直線上に重ねる。
- 左腕を天に届かせる勢いで伸ばし続ける。
- 胸を上方に回転させて開き、頭を背骨の延長線に位置させたまま上に向ける。
- 左手の親指の先に視線を向ける。

▶アサナ：ウティタ・トリコナーサナ（右側）　5〜8＋回呼吸
▶ドリシュティ：ハスタグライ（手）

体を直立させ、セットアップ・ポジションに戻る

- 両脚を固定したまま、息を大きく吸いながら腕ごと一気に体を垂直に起こす。

足を入れ替え、左側に倒す準備をする

- 左足を90度に開き、右足を10度内側に向ける。
- 両脚でマットを押し付け、両太腿を外旋させる。
- へそを引き上げ、胸を開き、両腕両脚を華麗に伸ばし、アクションの準備をする。

Chapter2 立位のポーズ

4 チャットヴァーリ 第4ポジション　息を吐く	5 パンチャ 第5ポジション　息を吸う	
息を吐く→5〜8回呼吸	息を吸う	自然な呼吸

左側に体を急降下させ、左足の親指を掴む
- 骨盤を左に倒し、左腕を伸ばし、左側の体側、脇腹を伸ばす。
- 尾てい骨から頭までの骨のラインがマットと平行になるように体を速やかに倒す。
- 左手を伸ばして、左足の親指を掴む。
- 右腕を肩から指先まで垂直に上に伸ばす。
- 両脚に力を入れ、尾てい骨から頭まで伸ばして真っ直ぐなラインを作り、胸をコルクスクリューのイメージで上方に回転させて開く。
- 頭を上に向けて、右手の親指の先を見つめる。

▶アサナ：ウティタ・トリコナーサナ（左側）　5〜8＋回呼吸
▶ドリシュティ：ハスタグライ（手）

セットアップ・ポジションに戻る
- 伸びた脚に力をいれ、肺いっぱいに空気を吸い込みつつ、上腕ごと体を引き上げ垂直に起こす。

【フルヴィンヤサ】
サマスティティヒ

両足の向きを替える
- パリヴルッタ・トリコナーサナ（ねじった三角のポーズ）の準備をする。

— 41 —

🪷 パリヴルッタ・トリコナーサナ（ねじった三角のポーズ）

1 エーカム
第1ポジション　息を吸う

息を吸う

両腕両脚を伸ばし、骨盤を正面に向けて、背骨を真っ直ぐ引き上げ、セットアップ・ポジションをとる

- 右足は90度に向けマットの先端に向け、左足は45度内側に向ける。
- 右の太腿は外旋、左の太腿は内旋させ、腰と肩を正面に向ける。
- 両足でマットを押し付け、太腿に力を入れ、両脚を伸ばし、下半身に体重をかける。
- 胴体を右に捻り、両腕を力強く天高く上げる。
- へそを引き上げ、胸を開く。
- 力強い前屈の準備をする。

※ ヴィンヤサ・メタ・ビュー
ヴィンヤサとアサナの習得には、ポーズをとる前の準備体制を整えることが欠かせない。アクションに入る直前、その瞬間に意識を向けよう。心の準備をし、身体部位を正確に整え、アクションを起こす！

【フルヴィンヤサ】
サマスティティヒ

2 ドヴェー
第2ポジション　息を吐く

息を吐く→5～8回呼吸

急降下して左手をマットに付け、体を捻る

- 骨盤を正面に向け、股関節から体を前に折り畳み、胴体をマットと水平にする。
- 左手を右足の横におきマットを押し付けるか、左の指先でマットを押す。上腕に力を入れて垂直に腕を伸ばしバランスをとる。
- 背骨が伸びねじりが深められるように、両脚と骨盤に力を入れて体全体を支える。
- 尾てい骨から頭にかけて背骨を均等に捻る。特に上背部を捻って胸を開き、頭を右から上へと向け、親指の先を見上げる。

※ ヴィンヤサ・メタ・ビュー
三角形を保ったまま、ハタ・ヨガ愛好家だけに贈られたマントラを唱えよう！
「手足は微動だせず、背骨だけが自由に動く」

▶アサナ：パリヴルッタ・トリコナーサナ（右側）5～8回呼吸
▶ドリシュティ：ハスタグライ（手）

3 トリーニ
第3ポジション　息を吸う

息を吸う

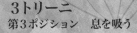

上腕を使って胴体を引き上げて垂直に起こし、両足を平行にする

- ポーズを巧みに終えるには、両足でマットを強く押し、両脚に力を入れ、上腕から体を引き上げ、胴体を勢いよくセットアップ・ポジションに戻る。
- 喉の奥を締めるようにしてシューッという音を立てながら細く長く息を吸う（ウジャイ呼吸）。

Chapter2 立位のポーズ

	4 チャットヴァーリ 第4ポジション　息を吐く	**5 パンチャ** 第5ポジション　息を吸う
息を吸い続ける	息を吐く→5〜8回呼吸	息を吸う

両脚の向きを整え、腕を頭上に伸ばしてセットアップ・ポジションをとる

- 左のつま先をマットの先端（90度）に向け、右足は45度内側に向ける。
- 次の動作を行う：
- ◉前脚の腿を外旋させ、後ろの腿は内旋させる。
- ◉腰を垂直に立て、肩と一緒に正面に向ける。
- ◉両脚を伸ばしピンと張って、驚異的なパワーで腕を振り上げる。
- ◉胸を左右に広げ、へそを引き上げる。

背骨を回転させて、胴体を下ろす（反対側）

- 骨盤を前倒させ、胴体がマットと水平になるまで躊躇なく体を倒す。
- 右手のひら、または指先を前の足の横に付けてマットを押し付け、左の二の腕から垂直に上に伸ばす。
- 腕が伸びて形ができたら、両足を踏ん張り、両脚に力を入れ、骨盤を安定させる。下半身を固定することで背骨が伸び、捻りが深まる。
- 尾てい骨から頭部まで背骨を均等に回転させる。特に上背部の回転を強めると胸が開き、楽に親指の先を見上げることができる。

●ヴィンヤサ・メタ・ビュー
ポーズを決めるには、セットアップ・ポジションを明確に定め、自信を持って移行することが肝要。

▶アサナ：パリヴルッタ・トリコナーサナ（左側）5〜8回呼吸
▶ドリシュティ：ハスタグライ（手）

上腕から引き上げて体を垂直に起こし、両足を平行に戻す

- 両足でマットを押し付け、大地からの反動を得て身体を垂直にスーッと立たせる。
- 心身の隅々まで意識を働かせ全身全霊でポーズをとる。

サマスティティヒ 　0ポジション

息を吐く

息を吸う

クラウチングの姿勢になる
- 膝を曲げ、相撲取りのようにしゃがんでクラウチングの姿勢になり、肺から空気をゆっくりと吐く。

スプリング（跳ねて）で目的地に着地する
- マットの先端目がけてダイナミックにスプリングするか、ゆっくりとステップを踏んで戻る。
- 迅速にサマスティティヒに入ったら、全ての思考を止める。
- 感覚を呼び覚ます（プラティヤハーラ、ヨガの八支則の第五番目）。意識を内側に向けて感覚を取り戻す。視覚、聴覚、触覚の矛先を内側に向け、体の奥底に宿る安心できる場所、自身のハートセンター（核）へマインドを引き込む。

ウティタ・パールシュヴァコナーサナ（体側を伸ばすポーズ）

サマスティティヒ 0ポジション

サマスティティヒ
- 両足を大地に根付かせるようにマットを押し、両脚を固定する。
- 背骨を真っ直ぐ上に伸ばす。炎から煙が立ち上がり無限に広がる宇宙空間に溶け込んで行く様子をイメージしよう。背骨の自然なカーブを保ちながらエレガントに目的地に向かって伸びるのを意識する。

1 エーカム　第1ポジション　息を吸う

息を吐く

クラウチングでパワーを蓄え、スプリングの準備
- 落ち着いて、腰を落としハーフスクワットになり、両腕を胸の前に位置させ両手の指先を合わせ、前腕をマットと水平にする。

息を吸う

右側にスプリング
- 両腕をマットと水平に開きながら、跳ねて（スプリングで）両足を平行にする。
- 両腕を水平に伸ばしたまま、軽快に足の親指の付け根で着地する。

✹ヴィンヤサ・メタ・ビュー
立位のポーズのヴィンヤサを構成する一連の小さなジャンプ（スプリング）に、運動能力を最大限に発揮するのが賢明なヨギだ。スケールの小さな跳躍だが巧みに行うことで次の効果が得られる：
● 脚、腕、腹、心臓が強化される。
● マインドが研ぎ澄まされ、バランス感覚が鋭くなり、冒険に挑むスキルが身につく。
● 全身が浄化される。

	2 ドヴェー 第2ポジション　息を吐く	3 トリーニ 第3ポジション　息を吸う
息を吸い続ける	息を吐く→5〜8回呼吸	息を吸う

両足に角度をつけセット・アップポジションをとる

- 右足を90度に、左足を10度内側に向ける。
- 前脚の腿を外旋し膝頭を正面に向ける。後ろ脚は膝頭が横を向くまで外旋する。
- 両脚を伸ばし、両腕を大きく広げる。
- 背筋を伸ばし、へそを引き上げ、尾てい骨を落として固定する。
- ポーズを完成させるための不可欠な要素を巧みにこなす。

ランジを行い左腕を斜め上に振り上げる

- このポジションへの移行は次の2つのステージから成る：
1) 右側にランジ（体重移動）を行い、一瞬「戦士のポーズⅡ」をとる。
2) 左腕を左耳の上をかすめて振り上げ、右手は右足の横に置きマットを押し付ける。
- 後ろ足から斜め上に伸ばした腕にかけて斜めのラインを作る。
- 右の膝の外側を右腕に押し付け、後ろ足でマットを強く押す。
- 背骨を回転させて胸を開く。斜め上に伸ばした腕の先に視線を向け、手のひらを見つめる。

▶アサナ：ウティタ・パールシュヴァコナーサナ（右側）5〜8＋回呼吸
▶ドリシュティ：ハスタグライ（手）

両脚を真っ直ぐ伸ばし、セットアップ・ポジションに戻る

- 脚を最大限に効かせてセットアップ・ポジションに戻る。足でマットを押し、腿に力を入れて位置を固定し、上げている腕ごと体を引き上げ、一瞬「戦士のポーズⅡ」をとる。
- 次に、前脚を素早く伸ばしてセットアップ・ポジションに戻り、最初の力強い構えに戻る。

Chapter2 立位のポーズ

息を吸い続ける

4チャットヴァーリ
第4ポジション　息を吐く

息を吐く→5〜8回呼吸

5パンチャ
第5ポジション　息を吸う

息を吸う

足を入れ替えて左側へのランジを準備する
- 左足を90度に開き、右足を10度内側に向ける。
- 太腿を外旋させ、骨盤を真っ直ぐに立て、胸を開く。
- 腕と脚に力を入れて伸ばす。
- ポーズに入る前の準備体制を正しく理解する。

左側にランジを行い右腕を斜め上に振り上げる
- 左側にランジして「戦士のポーズⅡ」をとり、土台固めのために一瞬停止する。
- 次に、脚を木の幹のように根付かせたまま右腕を右の耳の上をかすめながら振り上げ、後ろ脚から真っ直ぐ斜めのラインを作るように腕を伸ばす。
- 左手を左足の外側に置き、左脚を左腕に押し付ける。
- 後ろ足（脚）、胴体、上に伸ばした腕で形成される斜めのラインに沿って背骨を伸ばす。

▶アサナ：ウティタ・パールシュヴァコナーサナ（左側）5〜8＋回呼吸
▶ドリシュティ：ハスタグライ（手）

両足を平行にして体を速やかに起こす
- 下半身を固定したまま、左腕を指先から上腕までを1つのユニットとして引き上げ、一瞬「戦士のポーズⅡ」をとる。
- 前脚を真っ直ぐ伸ばし、両足を平行にする。
- 次のパリヴルッタ・パールシュヴァコナーサナ（捻った体側を伸ばすポーズ）を準備する。

【フルヴィンヤサ】
サマスティティヒ

🪷 パリヴルッタ・パールシュヴァコナーサナ(捻った体側を伸ばすポーズ)

1 エーカム
第1ポジション　息を吸う

息を吸う　　　　　　　　　息を吸い続ける

2 ドヴェー
第2ポジション　息を吐く

息を吐く→5〜8回呼吸

前のポーズから続けて背筋を伸ばす

- 脚を長く伸ばして立ち姿勢を維持する。
- 四肢を伸ばす。

両足の角度を変え、背骨を右に回転させ、腕を風車のように回す

- 右足を90度に、左足を45度内側に向ける。
- 左の股関節を正面に向け、骨盤も正面に向けて真っ直ぐに立てる。
- 胴体を右足と同じ方向に向け、前腿を外旋、後腿を内旋させる。
- 両腕を水平に広げて伸ばし背骨の回転を助長する。
- 体内のパワーを結集し、このシンプルなポーズをヤントラ(＊)に変えてパワーを生み出そう。

＊ヤントラとは、神々の姿を幾何学模様として描いたもので、宇宙のパワー、生命エネルギーそのものだと言われる。

ランジを行い、胴体を捻り、右腕を斜め上に振り上げる

- 以下の動作を行う：
- ●右膝を曲げ、右腿を下げてランジを行い、後ろのかかとを少し浮かせる。
- ●胴体を右足に向かって倒し、背骨を右側に回転させる。
- ●左腕を右膝の外側にかけ、左手の指先を右足の外側に置きマットに付ける。
- ●右腕を右の耳の上をかすめながら斜め上に振り上げる。
- ●骨盤の右端を内側に引き寄せ、後ろ脚を長く伸ばし、足で強くマットを押しながら深いランジを行う。

▶アサナ：パリヴルッタ・パールシュヴァコナーサナ(右側) 5〜8回呼吸
▶ドリシュティ：ハスタグライ(手)

Chapter2 立位のポーズ

3 トリーニ 第3ポジション　息を吸う		4 チャットヴァーリ 第4ポジション　息を吐く
息を吸う	息を吸い続ける	息を吐く→5〜8回呼吸

セットアップ・ポジションに戻る

- 上半身を起こし、腕と脚を伸ばし、元のセットアップ・ポジションに戻る。

足の角度を変え、背骨を左側に回転させ、両腕を風車のように回す

- 左足を90度に、右足を45°度内側に向ける。
- 骨盤を真っ直ぐに立て、胴体を左足の向く方向に回す。
- 前脚の腿を外旋させ、後ろ腿を内旋させる。
- 両腕を左右水平に伸ばし、捻りを強化する

✼ヴィンヤサ・メタ・ビュー
ポーズそのものと同じくらい、セットアップ・ポジションの姿勢を大切にする。それは、アサナの達成に通じ、全ての行動をより巧みに行える秘訣でもある。

ランジを行い身体を捻って、ポジションに入る

- 左膝を曲げて深くランジし、後ろ足のかかとを地面から離す。胴体を下げ、背骨を左へ回転させ、右腕を左膝の外側にかける。右手の指先を左足の外側に置き、左腕を左の耳の上をかすめさせて斜め上に伸ばす。
- その姿勢で停止し、捻りのバランスをとるべく反対方向に働く微妙な力関係を意識する：
● 前脚を深く曲げて体重を乗せ、腿の後ろに力を入れて固定する。
● 左膝を外側に押し出し、骨盤の左端を内側に入れる。
● 左腕を上に遠く長く伸ばして、後ろ脚は後方に伸ばし、対角線上に沿って反対方向に走る力を意識する。

▶アサナ：パリヴルッタ・パールシュヴァコナーサナ(左側) 5〜8回以上呼吸
▶ドリシュティ：ハスタグライ(手)

5 パンチャ 第5ポジション　息を吸う		サマスティティヒ 0ポジション
息を吸う	息を吐く	息を吸う

セットアップ・ポジションに戻る
- 両足を根付かせ、両脚を強化し、速やかに直立の姿勢になる。

両足を平行にしてクラウチングの姿勢になる
- 両足の向きを平行にし、膝を曲げて力強くハーフスクワットになり、両腕を左右水平に広げて伸ばす。
- マットの前に向かって勢いよくスプリングする準備をする。

跳ねて（スプリングで）サマスティティヒの姿勢になる
- 前方に跳ね、確実な着地を行い、遊び心を持って両足でマットを叩くように降り、瞬時に背筋を伸ばして直立のポーズをとる。
- 覚醒した生命力の波が、足元から頭頂の千弁蓮華まで体の中心軸を駆け上がるのをイメージする。

🪷 プラサリタ・パドタナーサナA（立って両脚を伸ばすポーズA）

サマスティティヒ 0ポジション

サマスティティヒ

- 背筋を伸ばして、体の中心軸を走るシュシュムナ（プラーナ・エネルギーの経路）をイメージする。主要な神経経路の1つであるシュシュムナは蜘蛛の糸のように細く、発見するのが難しい。
- 光の柱（シュシュムナ）をイメージして瞑想し体内に眠る真実、普段の思考を超えた純粋な意識だけの世界、魔法の領域を発見しよう。

1 エーカム 第1ポジション 息を吸う

息を吐く

クラウチングの姿勢になりスプリングの準備をする

- 腰を落としてハーフスクワットになり、両腕をマットと平行に胸の前まで上げ両方の手のひらを下に向け、指を重ね合わせる。
- 一瞬停止して、バランスの取れた力強いポジションを見つける。
- 次のスプリングに備えて骨に力を蓄える。

☀**ヴィンヤサ・メタ・ビュー**
ヴィンヤサは優れたアートだ。真剣に取り組もう。クラウチングのたびに、遊び心と冒険心のバランスを取りながら体制を作り、次のアクションの準備を整える。

息を吸う

- 足の親指の付け根で軽やかに着地し、両脚に力を入れて地響きが起こるほどに強くマットを踏みしめる。
- 猫のように軽やかでありながら、相撲取りのように地に足のついた構えを作る。

— 51 —

	2 ドヴェー 第2ポジション　息を吐く	3 トリーニ 第3ポジション　息を吐く
息を吸い続ける	息を吐く→吸う	息を吐く→5〜8回呼吸

手を腰に当て、手足を強固にして胸を開く

- 両手を腰に当てて足を強固にし、へそを引き上げる。
- 胸を開き、プラーナを一気に吸い込む。
- ダイナミックな動きの準備をする。

急降下して両手をマットに付け、セットアップ・ポジションをとる

- 股関節から体を前に折り曲げ、背骨がマットと並行となった時点でピタリと停止する（セットアップ・ポジション）。
- 背筋を伸ばし、両手をマットに付ける。肩、肘、手首を垂直方向に重ね、腕を完全に伸ばす。
- 手足に力を入れて、背骨を思い切り前方に突き出す。

✼ヴィンヤサ・メタ・ビュー
背骨がマットと水平になった時点での停止は、ある意味クラウチングと同じ。つまり、次のアクションのための準備体制だ。次にマットに向かって勢いよく頭を下すことを想定してエネルギーを溜めるアクション。ここで疑心暗鬼になると次のアクションも精彩を欠く。自信満々にセットアップ・ポジションを取れば、ポーズもダイナミックになる。

頭を両足の間に下ろしマットに付ける

- リズミカルに、無駄のない最小限の動きで前に体をたたむ。
- 手足でマットを押し、腕と脚に力を入れ、背骨の自然なカーブを保ったまま長く伸ばし、頭をマットに付けるという一連の動作を瞬時に行う。
- 両手を体の奥まで移動させ、肘を手首の上に垂直に重ねる。
- 両足、両手、頭の5点をマットに付け、大地と繋がるのを意識する。
- 重く丸い物体である頭は重要な土台の一部である。

▶アサナ：プラサリタ・パドタナーサナA　5〜8＋回呼吸
▶ドリシュティ：ナサグライ（鼻先）

Chapter2 立位のポーズ

4 チャットヴァーリ
第4ポジション　息を吸う

息を吸う

頭を上げ、背筋がマットと並行になる中間点でのセットアップ・ポジションに戻る
- 上体を起こして背骨をマットに平行にし、両腕を伸ばして停止し、四肢を安定させる。
- 腰、膝、足首を垂直軸に揃え、肩、肘、手首も同様に整える。
- 両腕と両脚の間に背骨を配置する。
- 手足に力を入れ、背骨を前に突き出し体を安定させて、息を吸う。

息を吐く

両手を腰に当てる
- 忍耐強く体を静止させて、背骨の根元に向けて息を吐き出す。
- この姿勢を利用して、飛翔のバンダ（ウディヤナ・バンダ）を効かせる：
◉ 両手で腰を掴む。
◉ 体の垂直軸に沿って息を骨盤底まで巧みに吐き出す。
◉ 手足を固定し、背骨を前に突き出す。
◉ 楽に腹をくぼませる。

❋ **ヴィンヤサ・メタ・ビュー**
ヨギはこの前屈みの姿勢がオアシスであることを知っている。プライマリー・シリーズで頻繁に見られるこの姿勢はバンダを掴む好機である。大きな活力を容易く得られるチャンスだ。

5 パンチャ
第5ポジション　息を吸う

息を吸う

体を起こす
- 意識を集中させ息を吐きながら背骨を伸ばし、脚に力を入れて体を起こす。
- 静止し、両手を腰に当てて息を吐き、プラサリタ・パドタナーサナBに備える。

― 53 ―

プラサリタ・パドタナーサナB（立って両脚を伸ばすポーズB）

1 エーカム
第1ポジション　息を吸う

息を吸う　　　　　　　　息を吸い続ける

2 ドヴェー
第2ポジション　息を吸う

息を吐く→吸う

両足を大きく広げたまま両手を腰に当る
- 両足でマットを強く押し、両脚に力を入れて長く伸ばし、両手で腰をしっかり押さえ、両腕に力を入れる。
- 腹筋を引き上げ、胸を広げる。

両腕を左右に広げ、遠くに伸ばす
- 両腕を体の水平軸（マットと平行）に沿って広げて伸ばし、肩から指先までエネルギーを走らせる。
- 大きなジェスチャーで、肺を空気で満タンにする。

両手を腰に戻し、一瞬静止
- 両脚は大きく広げたまま、両手を腰に当て肘を外側に張って前屈のためのエネルギーを蓄える。
- 足でマットを押し付け、両脚と両腕に力を入れ、へそを引き上げ、胸を大きく開く。
- 深く息を吸い込み、前屈の準備を最高潮に到達させる。

3 トリーニ
第3ポジション　息を吐く

息を吐く→5〜8回呼吸

空中に半円を描くように前屈し、肺を空っぽにする
- スワンダイブ（白鳥が飛ぶ姿のようなフォームで飛び込む技）のように、上体をマットに向けて優雅に沈める。
- 最後に背骨を丸め、頭と両足の3点が一直線になるように頭を配置して、マットに付ける。
- 頭の位置が定ったら次のアクションをとる：
- ●頭と両足に均等に体重をかけ、前方に重心移動する。
- ●腰を掴んでいる両手でムドラを作り、エネルギーを封印する。
- ●両腕と両脚に力を入れ、体、呼吸、マインドを安定させる。

▶アサナ：プラサリタ・パドタナーサナB　5〜8＋回呼吸
▶ドリシュティ：ナサグライ（鼻先）

4 チャットヴァーリ
第4ポジション　息を吸う

息を吸う

上体を起こす
- 一気に起き上がる。ゲーム感覚で吸う息に合わせて一気に上体を引き上げる。

🪷 プラサリタ・パドタナーサナC（立って両脚を伸ばすポーズC）

1 エーカム
第1ポジション　息を吸う

息を吸う

両足を大きく広げたまま両手を腰に当てる
- 両手を腰に当てて、幅広のサマスティティヒのポーズをとる。
- 両足を固定し、太腿と骨盤に力を入れる。
- 両手で腰をしっかり掴み、両肘を外側に張って安定させる。
- へそを引き上げ、胸を大きく広げる。

✻ ヴィンヤサ・メタ・ビュー
ポーズの基本は土台作りにある。両脚両腕をワンチームとした土台作りができているか否かが鍵だ。上の構えでは、両脚と両腕が1つのユニットとして、骨盤、胴体、頭部を支える強固なスタンスを作っている。また、腰をしっかり掴む手と、外側に力強く張った腕は補強の役目を果たしている。極めつけは、四肢全体の調和を図り巧みに活性化して、土台作りを完成させること。土台の強化を楽しもう。

息を吸い続ける

両腕を左右に広げ、肺を満たす
- 両腕を左右に開き大きく伸ばす。両腕ともに肩から指先まで完璧に伸ばす。
- 両腕を伸ばすのを肺を満たすためのプラーナヤマの練習として重要視する。

2 ドヴェー
第2ポジション　息を吐く

息を吐く→吸う

立ったまま、背中の後ろで両手の指を組む
- 両腕を後ろに伸ばし、両手の指を組む。
- 両肩を後ろに回して下げ、両腕をピンと張って肩から指先までを一直線にする。
- 気合を入れてセットアップ・ポジションを作り次の要領で前屈の準備をする：
- ◉両脚に力を入れる。
- ◉へそを引き上げる。
- ◉胸を膨らませる。
- ◉次のアクションをイメージする：

✻ ヴィンヤサ・メタ・ビュー
ポーズに入る前「ポーズで何を表現したいか」と自分に問うことが重要。ポーズの前に、じっくりと時間をかけてイメージを描き、創造的な表現方法、イメージ具現化のためのなすべき努力を詳細に考える。例えば、ポーズの最終目標は何か、また、理想的なポーズ、優れたポーズとはどんなものか。手足とマット（地面）との関係はどう構築すべきか。手足で体を最適に支えるためには、背骨の向きはどうすべきかなど、それぞれ真剣に考える。答えを出した後で、イメージを物理的な形に換えて顕在化させる。身体部位の位置を調節しながらイメージを完成させる。

Chapter2 立位のポーズ

3 トリーニ
第3ポジション　息を吐く

息を吐く→5〜8回呼吸

前屈して頭をマットに付ける
- 頭と胴体を速やかに前に倒し、両脚に力を入れ、後頭部をマットに付ける。
- ポーズを決めたら体重を少し前に移動させ、頭と両足に均等に体重をかける。
- 骨盤を引き上げ、両脚に力を入れて遠くに伸ばす。
- 両腕を押し下げ、組んだ両手をマットに向けて下す。

▶アサナ：プラサリタ・パドタナーサナC　5〜8+回呼吸
▶ドリシュティ：ナサグライ（鼻先）

4 チャットヴァーリ
第4ポジション　息を吸う

息を吸う

両手を腰に当て、上体をスムーズに起こす
- 自信満々に体を引き上げる。
- 背骨を真っ直ぐにしたら、両手を腰に当て、息を吐きながら、力強く立つ。

❋ヴィンヤサ・メタ・ビュー
ポジション間の移行を楽しもう。創造的で大胆に！遊び心を持って体に指示しよう。ダイナミックな動きで、ダイナミックなポーズをとる。クラウチング、スプリング、目的地それぞれのステージで、毎回異なるイメージを表現をする。速度を上げたり下げたりする。蜂のような劇的な推進力でフォームを決めるのか。葉の上でひらひらと舞う蝶のように軽やかに行うのか。全ての動きを軽視したり悪習慣にとらわれたりしてはいけない！世界は常に変化し続ける。ヴィンヤサを通して「変化と争わずに動き続けること」を学ぼう！体を動かしては、意志の力で巧みに止める。形を変えながら永遠にダンスし続ける宇宙と一体となる。

プラサリタ・パドタナーサナD（立って両脚を伸ばすポーズD）

1 エーカム
第1ポジション　息を吸う

息を吸う

両手を腰に当て、ワイドスタンスを維持する
- 威厳を放ち、地に根を深く張り巡らせた大樹のように足裏でマットを押し、深い癒しの力で脚を活性化する。

2 ドヴェー
第2ポジション　息を吐く

息を吐く→吸う

上半身を前に倒し、半分まで降りたらセットアップ・ポジションをとり肺を空にする
- 体を前に倒しながら背骨を前に突き出し、半分まで前屈したら停止する。
- 両足の親指を掴み、バランスが崩れそうになるギリギリまで前方に体を倒す。
- 一時静止し、セットアップ・ポジションで息を吸い込み体を活性化する。
- 両脚に力をいれ、胴体を引き上げ、両腕を真っ直ぐに伸ばす。
- 太腿の裏側に力を入れて張り、固定した両脚を支点に背骨を前方に突き出す。
- セットアップ・ポジションに意識を注いで、頼もしいヴィンヤサ（移行）と優れたポーズを実現する。

✲ ヴィンヤサ・メタ・ビュー
『ハタ・ヨーガ・プラディーピカー』に速成のための鍵が6つ記されている。そのうち2つが「大胆さ」と「勇気」だ。大胆さにはリスクを厭わない態度、恐怖に直面しても行動する勇気が必要だ。幸い、ヴィンヤサ（移行）はリスクテイクの練習として最適である。1回の練習で何度も、否応なく恐怖に立ち向かうことになる。セットアップ・ポジションについたら、覚悟を決め勇気を奮い立たそう。純粋な心でポーズに挑戦し、バランス感覚を試し、強さと柔軟性の端緒を見つけよう！

3 トリーニ
第3ポジション　息を吐く

息を吐く

前屈して頭を両足の間に置く
- 自信満々に急降下！
- 肺の中の空気を巧みに絞り出し、両足の間に頭を置きマットに付ける。
- 足の指を掴み、腕に力を入れ、体重を少し前に移動する。
- 骨盤を引き上げ、脚を長くし、バランスをとる。

▶アサナ：プラサリタ・パドタナーサナ・D　5〜8＋回呼吸
▶ドリシュティ：ナサグライ（鼻先）

4 チャットヴァーリ
第4ポジション　息を吸う

息を吸う

頭を上げ、背骨を伸ばし、腕を伸ばし、動きを一時止める
- 頭と背骨を前方に突き出し、両腕を伸ばし、足の親指をしっかりと握り、その位置でポーズに輝きを持たせる。

息を吐く

両手を腰に当て、息を吐きながら半前屈の位置で体を安定させる
- 息を吐いている間、動かない。
- 吐く息が背骨を通り、へそまで下りて来るのを意識し、両脚を固定する。
- 脚のパワーを利用して背骨を前に出し腹をへこませる。

5 パンチャ
第5ポジション　息を吸う

息を吸う

起き上がり、息を吸う
- 吸う息と連動させて、半前屈の位置から元の力強い大股の立位の姿勢まで体を振り上げる。

✹ ヴィンヤサ・メタ・ビュー
ヒンドゥー教の死の神、ヤマ（人間最初の死者。その後の死者の進む道を見いだした）が常に近くにいることを意識しながら、小さな動きを楽しむ。

サマスティティヒ　0ポジション

息を吐く

クラウチングの姿勢になる
- 体を沈めてダイナミックなクラウチングを行い、古代インドの火の神、アグニを呼び起こし、内なる炎を目覚めさせる。

息を吸う

スプリングして目的地に向かう
- ダイナミックにジャンプまたはステップでマットの前方に移動する。

✹ ヴィンヤサ・メタ・ビュー
トランジッションのたびに、クラウチングとスプリングをマスターすべく、火の神、アグニに忠誠を誓うことで、次の事柄を可能にするパワーが得られる：
- 摂取したもの全て（物質、感情面全て）を消化する。
- タパス（苦行）の実行と心身の浄化。
- 昨日の失敗を、今日の巧みなアクションの熱で焼き尽くす。
- 創造性に火をつけ、エネルギーを高め、難題に挑む。
- 自分の限界を超えた高みを目指して、モチベーションを高める。
- 大事なことに心を集中し、一点集中する！
- 熱意と覚醒した意識で輝く。
- 嫌悪、憎悪、妬み、恐怖、怒り、悲しみ、不和を灰にする。
- 心の領域をクリアにして、正しさ、適切さ、美しさを察知する。
- 自分のスピリチュアルな本質の中心部に根ざしたまま存在し続ける。

5大要素：火

パールシュヴォッタナーサナ（体側を強く伸ばすポーズ）

サマスティティヒ
0ポジション

1 エーカム
第1ポジション　息を吸う

息を吐く　　　　　　　　息を吸う

サマスティティヒ
- 意識を体の内側に集中させ、しっかりと立つ。両脚、両腕を固定する。
- 『シュヴェーターシュヴァタラ・ウパニシャッド』にある幸運をもたらす教えに従う。「賢者は恐ろしい激流を前に、背筋を真っ直ぐに保ち、頭、胴体、骨盤を垂直に並べて感覚とマインドを自分の中心に引き寄せ、真の自分のイメージで作った舟で渡りきる」

体を丸めてクラウチングの姿勢になる
- 膝を曲げ、腰を落としてハーフスクワットになり、両腕を振り上げて胸の前に配置する。
- マットを強く押して大地とのつながりを意識し、四肢に力を蓄え、俊敏に動ける足元を準備する。
- 勢いよく横へ飛び出す準備をする。

右にジャンプして両腕を左右に広げる
- ジャンプまたはステップを踏んで右側に向きを変え、力強く両腕を横に広げて伸ばす。
- かかとではなく、親指の付け根で軽快に着地する。
- ワイドスタンスで着地する。その際、両足を平行にし、固定した両脚の上に骨盤、胴体、頭の中心を重ねる。

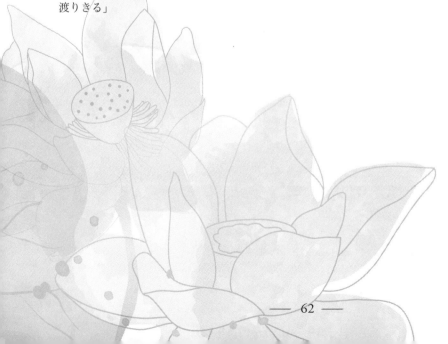

Chapter2 立位のポーズ

	2 ドヴェー 第2ポジション 息を吐く	3 トリーニ 第3ポジション 息を吸う
息を吸い続ける	息を吐く→5〜8回呼吸	息を吸う

両手を背中に回し、足に角度をつけ、骨盤を正面に向けて真っ直ぐに立て、胸を開く

- 肩を後ろに回して下げ、両手を後ろで合わせ祈りの仕草をする。
- 右足を真っ正面（90度）に、左足を45度内側に向け、腰と肩を真っ直ぐ正面に向ける。
- 両足でマットを押し付け、太腿に力を入れ、脚を長く伸ばす。
- 腕に力を入れ、両手を互いに押し付ける。
- 喉を細めウジャイ呼吸で巧みに息を吸い込む。
- 体全体をエネルギーで満たし、速やかな前屈の準備をする。

頭または顎を右脛に向けて下げる
- スピード感を持って急降下する。力を入れた脚を信じ、自信に満ちたジェスチャーで、躊躇なく頭を脛に付ける。
- 両手をしっかりと合わせて、両肘を上げ、両腕に力を入れる。

▶アサナ：パールシュヴォッターナーサナ（右側）5〜8＋回呼吸
▶ドリシュティ：ナサグライ（鼻先）

空中に円を描くように頭と胴体を起こす
- 深く根を張る大樹のように両足を強固にし、肺に巧みに空気を取り込みながら、一気に体を起こす。

☀ヴィンヤサ・メタ・ビュー
足でマットを踏みしめる、両脚を長く伸ばす、両腕を合わせ引き締める、両手を互いに押し合う、喉を細めて息を上手に吸い込む、は全てムドラの仕草であり、大地のパワーを引き出すのに役立つ。また、これらは単に仕草にとどまらず祈りでもあり、全ての創造物の造り手、かつ、生きとし生けるもの全ての魂である真の自分を知る手助けにもなる。

	4 チャットヴァーリ 第4ポジション　息を吐く	5 パンチャ 第5ポジション　息を吸う
息を吸い続ける	息を吐く→5〜8回呼吸	息を吸う

両足に角度をつけて開き、脚を回旋させ、腰を正面に向け水平にして立て、セットアップ・ポジションを作る
- 左足を真っ正面（90度）に、右足を45度内側に向ける。前脚は外旋、後脚は内旋させる。腰と肩を正面に向けて真っ直ぐにする。
- 足でマットを強く押し、太腿に力を入れ、脚を長く伸ばす。
- 腹を引き上げ、胸を広げる。両手を肩甲骨の間に配置して互いを強く押し付け合い、背中に押し込ませるようにすると、胸椎が伸びて胸が開きやすくなる。
- そのままの姿勢で力を蓄え、大胆な動きに備える。

速やかに体を倒す
- 背骨を前に突き出しながら前屈する。目的地を明確に意識して頭を脛に付ける。

☀**ヴィンヤサ・メタ・ビュートランジッションをダイナミックな全身運動として繰り返し行うことで、バランス感覚が養われ、体幹が鍛えられ、捉えにくいエネルギー回路（ナディ）に光を当てられるようになる。**

▶アサナ：パールシュヴォッタナーサナ（左側）5〜8＋回呼吸
▶ドリシュティ：ナサグライ（鼻先）

体を起こす
- ウジャイ呼吸で空気を吸い込むと同時にスピーディーに体を起こす。
- リズミカルに体を起こし、パンと打楽器が鳴るように目的地でピタリと止まる。

サマスティティヒ
0ポジション

息を吐く　　　　　　　　息を吸う

クラウチングの姿勢になる
- 両足を平行にし、両腕を解放し、膝を曲げてクラウチングの姿勢になる。

ジャンプしてサマスティティヒの姿勢になる
- ジャンプかステップを踏んでマットの前方に移動する。
- サマスティティヒのポーズをとり、燃えるような生命エネルギーの回路、シュシュムナを意識する。

Chapter 3

プライマリーシリーズのポーズ

🪷 ウティタ・ハスタ・パダングシュターサナ（足の親指を掴んで伸ばすポーズ）

サマスティティヒ	1 エーカム	2 ドヴェー
0ポジション	第1ポジション　息を吸う	第2ポジション　息を吐く

| | 息を吸う | 息を吐く→5〜8回呼吸 |

サマスティティヒ
- 力強く背筋を伸ばし、クリアな意識を持つ。
- マインドと感覚を内側に向け、「立つ」というヨガのポーズに励む。
- 内なる要塞を守る有能な兵士となり、活力や心の平静さを奪う盗賊めいたもの、不要な欲望を追い払う。

右脚を振り上げ、右足の親指を掴む
- 右脚を振り上げ、右足の母指を掴む（セットアップ・ポジション）。
- 頭を下げて脚に近づける前に、次の動作でセットアップの姿勢を根気よく保つ：
● 前方に振り上げた右脚を体から離すように押して出して長く伸ばしつつ、腕でその脚を体側に引き寄せ、両者の力を拮抗させる。
● 左脚で体を支え背筋を伸ばし、左の大腿骨を股関節にしっかり固定する。
● 頭、胴体、骨盤、左脚を垂直に積み重ねる。
● 左手で左の腰を掴んで左腕を安定させる。
● 骨格全体を一斉に活性化し、揺るがないセットアップ・ポジションを作る。
- ヒント：前方に押し出した足を引き寄せるように腕で足の親指を強く引く。この相反する力の作用で、魔法のように不安定な状態が安定した状態へと変化する。

右脚を更に上げ、頭を下げる
- 速やかに体を前に屈め、右脚を力強く引き上げる。
- 脚を頭に引き上げ、頭は下げ過ぎない。
- 体を前に屈める際、次の事柄を避ける：
1) 骨盤を後継させる。
2) 突き出している脚（右脚）を下げる。
3) 体を支えている脚（左脚）を曲げる。
- できるだけ直立に近い状態で、伸ばした脚に頭を近づけるよう努力する。

▶ アサナ：ウティタ・ハスタ・パダングシュターサナ（右側）完成　5〜8回呼吸
▶ ドリシュティ：　パダヨラグライ（つま先）

Chapter3 プライマリーシリーズのポーズ

3 トリーニ 第3ポジション　息を吸う	4 チャットヴァーリ 第4ポジション　息を吐く	5 パンチャ 第5ポジション　息を吸う
息を吸う	息を吐く→5〜8回呼吸	息を吸う

胴体を起こし背筋を伸ばしてピタリと停止
- 最小限の動きで上体を起こし、体を垂直に立てて即座に活性化する。背筋を伸ばし、足の親指の握りを強め、右腕の引く力と右脚の押し出す力を更に強める。

右脚を右側に大きく開く
- 遊び心を持ちながら空中に円を描くように右脚を右側に大きく開き、体の真横まで開き切ったらピタリと止める。
- 体幹を安定させ、頭と視線を左に向ける。
- 右側に伸ばした右脚は体から離すように遠くに押し出し、右腕で押し出した脚を体の方に引き寄せる。この相反する力を活性化することで、より安定した、自然な状態を作り出す。

▶アサナ：ウティタ・ハスタ・パダングシュターサナ（右側）完成　5〜8回呼吸
▶ドリシュティ：パールシュヴァ（左方遠く）

右脚を中央に戻し、セットアップ・ポジションに戻る
- 右脚を元のポジション（目的地：体の正面）に戻す。
- 体の正面に戻したら脚をピタリと止める。一瞬静止して、背筋の伸びたセットアップ・ポジションをとる。
- 右脚、右腕を長く伸ばし、胸を持ち上げ、へそを強く引き上げ、大鳥と化したプラーナを生命エネルギーの回路、シュシュムナに沿って上昇させる。

— 69 —

6 シャット 第6ポジション 息を吐く	7 サプタ 第7ポジション 息を吸う	
息を吐く	息を吸う	5〜8回呼吸

右脚を高く上げ、頭を脚に近づける

- このトランジションを上手に行うには、頭を脚に近づける直前に次のアクションをとる：
  1）右脚を少しづつ上げていく。
  2）骨盤を垂直軸に沿って安定させる。
  3）体を支えているもう一方の脚を最大限に長く真っ直ぐに保つ。
- 単に上半身を前傾させるのではなく、上の3つを念頭に頭を脚に近づける。

セットアップ・ポジションに戻る
- 勢いよく上半身を起こし、足の親指を掴んだまま華麗に腕と脚を伸ばす。基本の直立姿勢のファンになろう！

右脚を強く前方に押し出したまま両手を腰に当てる

- 手を足の親指から離し、両手を腰に添え、伸ばした脚を上げたまま保つ。
- その姿勢で頭、胴体、骨盤、脚を垂直線上に重ねる。
- 前に押し出している脚は、その高さを頑なに維持する。

▶アサナ：ウティタ・ハスタ・パダングシュターサナ（右側）完成　5〜8回呼吸
▶ドリシュティ：パダヨラグライ（つま先）

Chapter3 プライマリーシリーズのポーズ

8 アシュタ 第8ポジション 息を吸う		9 ナヴァ 第9ポジション 息を吐く
息を吐く	息を吸う	息を吐く→5〜8回呼吸

脚を下ろし直立の姿勢に戻る
- 右脚を下ろし、全ての形の基礎であるサマスティティヒの姿勢になる。

左脚を持ち上げ、左手で左足の親指を掴む
- 左脚を上げ、左手の中指と人差し指で、左足の親指をしっかりと掴む。
- 両脚、左腕を真っ直ぐに長く伸ばす。
- 右手で右側の腰を掴み、右腕に力を入れる。
- セットアップ・ポジションに生命を吹き込む。左脚を力強く蹴り出し、伸ばした左腕で左脚を引き戻す。
- マットに付けている脚を真っ直ぐに伸ばして固定し、頭、胴体、骨盤を垂直線上に重ねる。

✤ **ヴィンヤサ・メタ・ビュー**
セットアップ・ポジションを重要視することで、「生きる喜び」が感じられるようになる。

左脚を上げ、頭を下げ、アサナを完成させる
- 頭を下げると同時に、左手で足の親指を引き上げ左脚を突き上げる。
- 骨盤を後傾させたり、左脚を下げたりしない。もう一方の脚にも意識を働かせ、しっかりとマットを踏み付ける。

▶ アサナ：ウティタ・ハスタ・パダングシュターサナ（左側）完成　5〜8回呼吸
▶ ドリシュティ：パダヨラグライ（つま先）

10 ダシャ 第10ポジション　息を吸う	11 エーカーダシャ 第11ポジション　息を吐く	12 ドヴァーダシャ 第12ポジション　息を吸う
息を吸う	息を吐く→5〜8回呼吸	息を吸う

愛すべきセットアップ・ポジションに戻り背筋を真っ直ぐにする
- 足の親指を掴んだまま頭と胴体を上げ、体を垂直に立てる。
- 左脚を前に押し出しつつ、左腕でその脚を体側に引き寄せる。脚と腕との間で真逆に走る力を意識する。
- 四肢に生命力を吹き込む。背骨の根元に眠るムーラ・バンダを活性化し、背骨を目覚めさせる。

左脚を左側に大きく開く
- 思い切って、大きく、軽快に脚を開く。
- 脚を開いたら大胆に伸ばす。左腕に力を入れて安定感を高める。
- 脚が体の真横まで開き切ったら、速やかに止まる。

✺ **ビンヤサ・メタ・ビュー**
動きも静止も自信を持って行う。ゲーム感覚でマスターしよう。何度も練習することで、躊躇、疑念、転倒への恐怖を克服しよう。

▶アサナ：ウティタ・ハスタ・パダングシュターサナ（左側）完成　5〜8回呼吸
▶ドリシュティ：パールシュヴァ（右方遠く）

左脚を巧みに体の正面に戻しキープ
- 大きな円を描くように左脚を閉じて体の正面に戻す。
- その際、左脚を体から離すように押し出しつつ、左腕で引き寄せて体を安定させる。バランス感覚を養うには、相反する力を積極的に利用することが重要。
- 脚を戻したら、新たな気持ちでセットアップ・ポジションをとる。

— 72 —

Chapter3 プライマリーシリーズのポーズ

13 トラヨーダシャ
第13ポジション　息を吐く

息を吐く

左脚を高く上げ、頭を脚に近づける

- 頭から左脚の方へ近づけようとするよりも、左脚を少し上げることに意識を向ける。
- 頭を前倒させながら息を吐く。肺の中の空気を吐き出し、生命力を背骨を伝わせ根元まで送り込む。

14 チャトルダシャ
第14ポジション　息を吸う

息を吸う

体を垂直に立て安定させる

- 足の親指を掴んだまま体を起こして背筋を伸ばす。
- 四肢を安定させ、背骨の根元からハートセンターまで、覚醒したエネルギーの波動を送り込む。

5～8回呼吸

両手を腰に当て、左脚の高さを維持

- 手を足の親指から離し、両手を腰に添える。
- 伸ばした脚は前方上方に押し出したまま、辛抱強く体勢をキープする。

▶アサナ：ウティタ・ハスタ・パダングシュターサナ（左側）完成　5～8回呼吸
▶ドリシュティ：パダヨラグライ（つま先）

サマスティティヒ
0ポジション

サマスティティヒ

- 両足を大地に根付かせるようにマットに押し付け、太腿の骨を股関節に深く押し込む。しっかりと地に根付いた脚で骨盤を軽く保ち、背骨の根元にあるムーラダーラから生命エネルギーを引き上げる。
- 背骨の根元で眠る偉大なる霊的パワー、クンダリーニを体の垂直軸に送り込む。時と空間を超えた宇宙の熱狂的ダンスに参加し、全ての生命の一体感を味わう。

アルダ・バッダ・パドモッターナーサナ（半蓮華座の前屈のポーズ）

サマスティティヒ
0ポジション

1 エーカム
第1ポジション　息を吸う

自然な呼吸　　　　　　　　　　息を吸う

サマスティティヒ
- 心を安定させ、左右の足を大地に根ざして立つ。
- 光を放つエネルギー回路、シュシュムナに沿って3つのバンダをロックする。

右脚を出して外側に反転し、足の甲を左脚の付け根に付けて半蓮華座を組む
- 右足で蓮華座を組むには、足首と脛をダイナミックに回転させる（フリップ動作）。
- フリップは次のとおり：
  ● 直立姿勢から右脚全体を伸ばしたまま斜め前方に出し、床から15~20センチメートルほど浮かせる。
  ● 大腿骨を股関節のへこみ部分に収めたまま外旋し膝頭を横に向ける。
  ● 右足を右太腿のできるだけ高い位置まで振り上げる。
  ● これらの動きだけで半蓮華座を組むのが理想だが、手で足をキャッチして半蓮華座を組んでも良い。

右脚を半蓮華座にしたら右手で右足を掴み、セットアップ・ポジションをとる
- 半蓮華座の姿勢から次のアクションをとる。
- 右手を背中に回して右足をキャッチする。
- 一瞬静止して、以下の動作でセットアップ・ポジションを体現する：
1) 左脚に体重を預け、胸骨を持ち上げる。
2) 腹を引き上げ、尾てい骨を下に落として固定し、骨盤を正面に向けて安定させる。
3) 右の太腿（股関節から膝まで）を下方向に伸ばし、右膝を優しく押し戻す。
- 上の動作で安定したセットアップ・ポジションを作り、大胆な前屈に備える。

Chapter3 プライマリーシリーズのポーズ

2ドヴェー 第2ポジション 息を吐く	3トリーニ 第3ポジション 息を吸う	4チャットヴァーリ 第4ポジション 息を吸う
息を吐く→5〜8回呼吸	息を吸う→息を吐く	息を吸う

左脚を床にしっかり根付かせ、急降下する
- 上体を前方に突き出し、背骨の自然なカーブを保ちつつ長く伸ばしながら、頭と胴体を脛に向けて倒す。
- 前屈したら、左脚（伸ばしている方）に体重を乗せる。骨盤を引き上げ、左脚を真っ直ぐにして大地に根付かせるようにマットを強く押す。

✤**ヴィンヤサ・メタ・ビュー**
手足で強くマットを押して大地にしっかりと根ざすと、背骨が反応するのが分かる。つまり、手足でマットを押さえ体を安定させると、背骨が目覚めて表現力が増す。このポーズで言えば、尾てい骨から頭部までの背骨全体は猛烈な勢いで流れ落ちる滝を表現し、同時に、体を支えている方の脚は胴体を吸い上げるというイメージだ。

▶アサナ：アルダ・バッダ・パドモッターナーサナ（右側）5〜8＋回呼吸
▶ドリシュティ：ナサグライ（鼻先）

体を中間まで起こし一時停止
- 頭と胸を持ち上げ、左腕を十分に伸ばし、一瞬静止してセットアップの姿勢を固定する。
- 静止している間は、手足で床を押して大地に根付かせ背骨を思い切り前に出す。
- 背骨に沿って下方向にスピーディーに息を吐き、腹部をすくい上げる。
- ムドラ通なら分かる。一瞬静止することで、飛翔のバンダ（ウディヤナ・バンダ）が簡単に実践できる。

立ち姿勢に戻り、手で足を掴んだまま半蓮華座を維持
- 立ち姿勢に戻り、右手で右足を掴んだまま半蓮華座を維持する。
- 片足でバランスをとり、輝きの瞬間をしばし実感する。

5 パンチャ 第5ポジション　息を吐く	**6 シャット** 第6ポジション　息を吸う	
息を吐く	自然な呼吸	息を吸う

半蓮華座を解き、両脚に体重を乗せて立つ

- 手を離し、カエルがジャンプするように右膝を支点に足を下に蹴り出して伸ばし、サマスティティヒ（安定したフラットな精神状態の自分、意識の根源）に戻る。

左足を半蓮華座にする

- 左脚を外に反転させて半蓮華座にする（フリップ動作）。
- フリップは次のとおり：
◉直立姿勢から脚全体を伸ばしたまま左足を斜め前方に出し、床から約15~20センチメートルほど浮かせる。
◉大腿骨を股関節のくぼみに収めたまま外旋させ膝頭を横に向ける。
◉左足を太腿の付け根まで振り上げる。
◉これらの動きだけで半蓮華座が作れると理想だが、手で足をキャッチして半蓮華座を作っても良い。

左手を背中に回して左足を掴む

- 半蓮華座ができたら次のアクションをとる。
- リズミカルに左手を背中に回して左足を掴む。
- 一瞬静止し次の動作でセットアップ・ポジションを体現する：
◉右足で床を押し付けてしっかりと立つ。
◉尾てい骨を下に伸ばし、へそを引き上げる。
◉骨盤を安定させ、左の太腿を伸ばし、左膝を押し戻す。
◉自身のバランス感覚を試す準備をする。

Chapter3 プライマリーシリーズのポーズ

7 サプタ
第7ポジション　息を吐く

息を吐く→5〜8回呼吸

前屈する
- 上体を前に突き出して大胆に急降下する。右手を右足の外側に位置させ床に付け、ピタリと止まる。
- 次の微調整をする：
◉バランスが崩れそうになるギリギリまで上体を前傾させて重心を移動し、腰、膝、足首を垂直線上に重ねる。
◉伸びている方の脚を長く伸ばし続けることを意識する。
◉左足のかかとを腹に押しこみ、ウディヤナ・バンダの引き金とする。
◉流れ落ちる滝のように、重力に任せて尾てい骨から頭部までの背骨全体を解放する。

▶アルダ・バッダ・パドモッターナーサナ（左側）5〜8＋回呼吸
▶ドリシュティ：ナサグライ（鼻先）

8 アシュタ
第8ポジション　息を吸う

息を吸う

体を中間まで起こし一瞬静止する
- 中間まで体を起こしたところで動きを止めると、腹部を見えなくする行為（腹部を大きくへこませる行為であるウディヤナ・バンダ）を実践するのに最適だ。そのやり方は次の通り：
◉頭と胸を高く上げ、手足でマットを強く押して土台を固定する。
◉右腕を固定する。
◉背骨を前方に突き出す。
◉息が背骨を下っていくように長く吐く。
◉内臓をかき出すようにしてウディヤナ・バンダを行う。
◉マインドが全ての思考を超越したまっさらな空間に飛んで行くのを観察する。

9 ナヴァ
第9ポジション　息を吸う

息を吸う

体を起こし真っ直ぐに立って、体勢をキープ
- 上体を起こして真っ直ぐに立ち、足を掴んだまま片足でしばしの間しっかりと立つ。

サマスティティヒ
0ポジション

サマスティティヒ
- 手を離して足を解きサマスティティヒを行う。ヤントラをイメージして偉大なる神々を呼び起こし、普遍的な意識の世界へと飛び込む。

ウッカターサナ（椅子のポーズ・激しいポーズ）

サマスティティヒ
0ポジション

サマスティティヒ

背筋、両腕、両脚を長く伸ばし、体の中心を目覚めさせる

- へそを引き上げ、感覚を内側に向け、体、マインド、魂を自身のハート・センター（無限に広がるスペース）に向かわせる。

2 ドヴェー
第2ポジション　息を吐く

息を吐く

前屈してウッタナーサナ（立位前屈）のポーズをとる

- 背骨を伸ばしながら前屈する。
- 前屈したら手足を固定して体を安定させ、背骨の自然なカーブを保ちつつ長く伸ばして肺の中の空気を全部巧みに吐く。

3 トリーニ
第3ポジション　息を吸う

息を吸う

胸を上げ、両腕を伸ばして停止

- 胴体を引き上げてマットと並行にし、両腕を固定し、指先でマット（地球）を押す。
- 太腿の裏側に力を入れて背骨を大きく前に突き出す。
- 肺に空気をたくさん吸い入れる。喉の奥を締めるようにしてシューッという音を立てながら空気を吸い込み、体をプラーナで充満させる。

1 エーカム
第1ポジション　息を吸う

息を吸う

両手を上に伸ばし、頭上で両手を合わせる

- 息を吸うと同時に両腕を体の垂直軸に沿って一気に上の伸ばす。

— 78 —

Chapter3 プライマリーシリーズのポーズ

4チャットヴァーリ
第4ポジション　息を吐く

5パンチャ
第5ポジション　息を吸う

息を吐く　　　　　　　息を吐き続ける　　　　　　　息を吸う

クラウチングして、ジャンプバックに備える

- お尻をマットの方に下げ、太腿を胴体の下に引き寄せる。
- 両手、両腕に体重をかけながら、前方に重心を移動する。
- このポジションを巧みに表現する。均衡の取れたクラウチングで次の行動の準備をする。

ジャンプで、またはステップを踏んで四肢で支える杖のポーズに入る

- 体重を前方にかけたままの姿勢を維持する。
- 両肘を素早く曲げながら、両脚を後ろに蹴って真っ直ぐ伸ばす。
- 四肢で支える杖のポーズが決まったら、全ての動作をピタリと止める。

☀ **ヴィンヤサ・メタ・ビュー**
ジャンプバックに替わる方法として、ステップを踏むか、ホップして後ろに下がってプランク・ポーズをとり、腕を伸ばして一時静止した後、両肘を曲げてチャトランガ・ダンダーサナ（四肢で支える杖のポーズ）を行ってもよい。

上体を起こして上向きの犬のポーズをとる

- 空中に円を描くように頭を上げ、背骨を反らし、両腕を真っ直ぐ伸ばし、後屈を形作る。
- お尻からつま先までを意識して両脚に力を入れ、体を長く伸ばして反らす。

6 シャット
第6ポジション　息を吐く

息を吐く

腰を後ろに引き上げ、下向きの犬のポーズを作る

- 息を吐く時、一陣の風が鎖骨から骨盤にかけて吹き抜けるのをイメージする。
- 息の源は風の神、ヴァユ。「フーッ」と唇を窄めて息を吹くヴァユを思い浮かべよう。その勢いとヴァユの慈悲深さとでスッと自身の腰が上がり、下向きの犬のポーズになるのをイメージする。

❋ ヴィンヤサ・メタ・ビュー
ヴァユ（風の神、ヨガの5大要素の1つ空気（風））は、木々を根こそぎ倒し、建物を吹き飛ばし、行く手を阻むものを一掃するほどの強大な力を呼び寄せる。呼吸にはその驚くべき力があるにもかかわらず、ほとんどの人は自分の呼吸のパワーに気づくこともなければ、この強力な内なる資産を意識的に利用することもない。しかし幸いにして、プライマリー・シリーズのヴィンヤサは自身の呼吸の威力を認識させる強力な助っ人。潜在的なパワー（生命力）を引き出すために、特別にデザインされたシステムである。

7 サプタ
第7ポジション　息を吸う

息を吐く

低いクラウチングの姿勢をとる

- 骨盤を下げ、後方にしゃがみ、両手で地面を押す。
- 手足を活性化し、背筋に沿って息を吐いて、パワーを溜め込む。
- 狙った目的地へ跳躍する。

5大要素：空気（風）

Chapter3 プライマリーシリーズのポーズ

8 アシュタ
第8ポジション　息を吸う

息を吸う→5〜8回呼吸　　　　息を吐く　　　　　　　　　息を吸う

前方にジャンプしてスクワットの姿勢になり、両手を合わせる

- 前方にジャンプして足をマットに強く押し付ける。上体を起こし、腰を落としてハーフスクワットになり、斜め前方に両腕を真っ直ぐ伸ばす。
- 「ウッカタ」とはサンスクリット語で「激しい」「力強い」を意味する。それにふさわしいフォームをとる！重力を味方につけて、両足を大地に根ざし、太腿に体重をかける。
- へそを引き上げる。壮大なパワーを背骨そして腕に沿って上昇させる。
- シュシュムナ（体の中央を走る生命エネルギー回路）に沿ってシャクティ（パワー）を上昇させ、頭上の千弁蓮華の中に佇む最愛のシヴァに到達させる。

▶アサナ：ウッカターサナ　5〜8＋回呼吸
▶ドリシュティ：ウールドゥヴァ（上方）

両手をマットに付け、前傾姿勢になる

- ポーズを解くために、両膝を曲げて腰を落としながら両手をマットに付ける。
- 頭を上げたまま前傾姿勢になり、両腕に体重をかける。パワーを集めてハンドスタンドの準備をする。

その場で蹴り上がり両腕でバランスをとる

- 覚悟を決め躊躇なく足を蹴り上げてハンドスタンドに入る。膝は曲げたまま、両足は尻に付け、両腕でバランスをとる。
- その姿勢を一瞬維持する。
- 膝を折ってかかとをお尻に付けた状態（スクワット状態のハンドスタンド）をキープするか、両脚を伸ばして正式なハンドスタンドを行う。
- 腕でバランスが取れない場合は、クラウチングの姿勢を維持する。腰を落とし、両脚を胴体の真下に位置させ、前に重心を移動し、腕でしっかりと体を支える。

9 ナヴァ 第9ポジション　息を吐く	10 ダシャ 第10ポジション　息を吸う	11 エーカーダシャ 第11ポジション　息を吐く
息を吐く	息を吸う	息を吐く

目的地に降りる
- ハンドスタンドからチャトランガのポーズに移るには：
  ◉ 前傾姿勢をとる。
  ◉ コントロールしながら両肘を曲げる。
  ◉ スローモーションで両足を地面に近づける。
  ◉ しっかりと、しかし、軽快に着地する。
- 息を吸いこむ、または動き始める直前に、体内が空っぽになっていることを感じとる。

頭を反らし両腕を真っ直ぐ伸ばして上向きの犬のポーズをとる
- 空中に円を描くように頭と背骨を上げ、胸を開き、両手でしっかりとマットを押し、脚に力を入れて背中を上に伸ばす。
- 手足に大地からのエネルギーを伝わせて力を入れ、胸を前に突き上げ、背骨をきれいに反らす。

腰を引き上げて、下向きの犬のポーズをとる
- 狙いを定め、意を決して腰を後方に引き上げ、速やかに下向きの犬のポーズをとる。
- ヴィラバドラーサナA（戦士のポーズ1）に備える。

フルヴィンヤサ
【12 ドヴァーダシャ　第12ポジション　息を吸う】アルダウッターナーサナ（半分の立位前屈）
【13 トラヨーダシャ　第13ポジション　息を吐く】ウッターナーサナ（激しい前屈ポーズ）
【サマスティティヒ　0ポジション】

ヴィラバドラーサナ A・B（英雄のポーズ A・B）

> **7サプタ**
> 第7ポジション　息を吸う

息を吸う　　　　　　　　　　　　　　　　　息を吸い続ける→5〜8回呼吸

右足を前に踏み出し、ランジ

- 左足を45度外側に向け、右足を踏み出して両手の間に配置する。
- 次の動作で下半身を所定の位置で整えた後、上体を起こし腕を上げる。
  1）右足を両手の間におきマットを押し付ける。
  2）右の太腿を深く下げて、膝を足首の真上に並べる。
  3）後ろ脚を伸ばし、足裏全体、特に親指の付け根部分でしっかりとマットを押して大地に根ざす。

上体を起こし、両腕を頭上に伸ばす

- 体幹を垂直に立てランジの姿勢を続ける。後ろ脚側の股関節を正面に向ける。
- 両腕を頭上に伸ばし、両手を体の垂直軸に沿って合わせる。
- 頭を反らし、親指の先を見つめ、胸骨を前に突き上げる。
- 背中の中央を広げ、肋骨を骨盤の上に均等に置く。

▶アサナ：ヴィラバドラーサナ A（右側）　5〜8回呼吸
▶ドリシュティ：ウールドゥヴァ（上方）

フルヴィンヤサ

【サマスティティヒ】
【1 エーカム　第1ポジション　息を吸う】ウルドゥヴァ・ハスターサナ（両手を強く上に上げるポーズ）
【2 ドヴェー　第2ポジション　息を吐く】ウッタナーサナ（激しい前屈ポーズ）
【3 トリーニ　第3ポジション　息を吸う】アルダ・ウッタナーサナ（半分の立位前屈）
【4 チャットヴァーリ　第4ポジション　息を吐く】チャトランガ・ダンダーサナ（四肢で支える杖のポーズ）
【5 パンチャ　第5ポジション　息を吸う】ウルドゥヴァ・ムカ・シュヴァナーサナ（上向きの犬のポーズ）
【6 シャット　第6ポジション　息を吐く】アド・ムカ・シュヴァナーサナ（下向きの犬のポーズ）

8 アシュタ
第8ポジション　息を吐く

息を吸う　　　　　　　　**息を吸い続ける**　　　　　　**息を吐く→5〜8回呼吸**

セットアップ・ポジションに戻り動きを止める	足の向きを変えて反対側でランジを行う	左の膝を深く曲げてランジ、英雄のポーズA（左側）を行う

- 前脚を真っ直ぐ伸ばし、お尻を引き上げ、セットアップ・ポジションで動きを止める。

- 動きを止め、力を溜め込み、骨格全体を活性化する。
- 左足を90度（正面）に向け、右足を45度内側に向ける。
- 両脚と両腕を華麗に伸ばす。
- 骨盤の右側を正面に向け、尾てい骨を下げて伸ばし、へそを引き上げる。
- 背骨を引き上げ、胸を開き、両腕に力を入れて指先までパワーを上昇させる。
- フェンシングの選手をイメージして突進する。

- 左の太腿を大きく下げて、深いランジを行う。左膝と太腿を真っ直ぐ正面に向け、エネルギーを前方に走らせる。
- 太腿が地面と平行になることを目指す。
- 後ろ脚（右脚）を長く伸ばして力を入れ、右の股関節を正面に向ける。
- 背骨を引き上げ、大地に根ざした脚から骨盤を引き離すように上げる。
- 両手を頭上で合わせ、上方に伸ばした腕の先に無限に広がる世界をイメージする。
- 身体を活性して中心を目覚めさせ、クンダリーニ（人体内に存在する根源的な生命エネルギーを）を生命エネルギーの回路に沿って上昇させる。

▶アサナ：ヴィラバドラーサナA（左側）5〜8回呼吸
▶ドリシュティ：ウールドゥヴァ（上方）

Chapter3 プライマリーシリーズのポーズ

9 ナヴァ 第9ポジション　息を吸う	10 ダシャ 第10ポジション　息を吐く	
息を吸う→5〜8回呼吸	息を吸う	息を吐く→5〜8回呼吸

そのままの向きでヴィラバドラーサナBを行う	両脚を伸ばし、足の向きを変えて反対側を行う	右の膝を曲げてランジを行い、ヴィラバドラーサナB（右側）を行う

そのままの向きでヴィラバドラーサナBを行う

- ヴィラバドラーサナAからBへの移行：
- ◉左の太腿に力を入れたまま、両腕を前後に開いて下げてマットと平行にし、右の腰を開き（向きを正面から遠ざける）、右脚を伸ばす。
- へそを強く引き上げ、尾てい骨を下げて長くする。
- 頭、胴体、骨盤を垂直線上に揃える。
- 両腕を引き離し、マットと平行になるまで下ろす。
- 頭を左に向け、左手の指先に穏やかで安定した視線を送る。

▶アサナ：ヴィラバドラーサナB（左側）5〜8回呼吸
▶ドリシュティ：ハスタグライ（手）

両脚を伸ばし、足の向きを変えて反対側を行う

- 左脚を真っ直ぐ伸ばし、両足の向きを正面に戻す。脚を伸ばしたまま、セットアップ・ポジションで一瞬静止。
- 右足を正面（90度）に、左足を15度内側に向ける。
- 両脚の太腿を外旋させ、へそを引き上げ、心臓の中心部が浮くように持ち上げる。
- 左右の腕を反対方向、水平に伸ばし、両脚を固定する。

❋ヴィンヤサ・メタ・ビュー
セットアップ・ポジションに意識を向けることで、次のポーズの準備ができる。セットアップ・ポジションに真剣に取り組もう。どんなに難しいポーズに挑むにせよ、それが安定した納得のいくフォームを作る秘訣だと分かるだろう。

右の膝を曲げてランジを行い、ヴィラバドラーサナB（右側）を行う

- 躊躇なく右膝を曲げてランジし、腰を落として、力強い安定したスタンスをとる。
- 右の太腿をマットと平行にし、膝を足首の真上に重ねる。
- 大地にしっかり根ざすために、前脚は前方にエネルギーを走らせ、後ろ脚はそれとは逆方向、後ろに長く伸ばし、力を入れて固定する。
- 両腕は床と水平、反対方向に伸ばし、土台にパワーを加える。
- 頭と胴体を骨盤の上に垂直に重ねる。
- 胸を太陽に見立て、宇宙の隅々にまで癒しの光を放つイメージを描く。自身の純粋な努力によって、この広大でワイルドな宇宙に灯りを灯して輝かせよう！

▶アサナ：ヴィラバドラーサナB（右側）5〜8回呼吸
▶ドリシュティ：ハスタグライ（手）

11 エーカーダシャ
第11ポジション　息を吸う

息を吸う

両手をマットに強く付け、右膝を右の上腕に乗せてアームバランスをとる
- 右足の両側に手を置きマットを強く押す。
- 吸い込まれるように右膝を右上腕に近づけて乗せ、右足を右臀部の方向に上げる。
- 前傾姿勢をとり、左足をマットから離し、両腕でバランスをとる（エカパーダ・バカーサナ）。

12 ドヴァーダシャ
第12ポジション　息を吐く

息を吐く

ジャンプバックしてチャトランガ・ダンダーサナに入る
- 前方に体重を乗せたまま、肘を曲げながら両脚を後ろに蹴り、体を下げてチャトランガ・ダンダーサナに入る。
- 神の前に完全にひれ伏し、自身の体を神への奉納物（プラサド）に変えよう！

☀ ヴィンヤサ・メタ・ビュー

ヴィラブハドラーサナBからの移行方法その2：ステップを踏んでプランクを作り動きを一瞬止める。

- 右足の両側に手を置き、ステップバックしてプランクを行う。
- 両腕、両脚を伸ばしたままキープ。
- 頭、胴体、骨盤を水平に保ち安定させる。

13 トラヨーダシャ
第13ポジション　息を吸う

14 チャトルダシャ
第14ポジション　息を吐く

息を吸う

息を吐く

マットを強く押して上向きの犬のポーズをとる
- 頭を上げ、両腕を真っ直ぐ伸ばし、両脚に力を入れ、背骨で優雅なアーチを描く。
- タイミングを合わせ、リズミカルに勢いよくこの動作を行う。

勢いよく下向きの犬のポーズを作る
- 遊び心を持って腰を勢いよく後ろに引き上げ、呼吸の中に風（ヴァユ）の要素を見つけ出す。

※ ヴィンヤサ・メタ・ビュー
ヨギニのガルギーが、縦糸と横糸で構成される織物を例えに、宇宙の源について、ヤージュニャヴァルキヤ聖者に質問した。
ガルギー：太陽は何で織られているの？縦糸と横糸？
ヤージュニャヴァルキヤ：星で作られているんだよ。ガルギー。
ガルギー：星は何で作られているの？
ヤージュニャヴァルキヤ：神々によって作られているんだよ。ガルギー。
ガルギー：神々は何で作られているの？
ヤージュニャヴァルキヤ：ブラフマン（宇宙を支配する原理）でできているんだよ。
ガルギー：ブラフマンは何でできているの？
ヤージュニャヴァルキヤ：あまり質問しすぎると、頭が粉々に砕け散るよ。君は人間が質問すべきではない神について、あまりにも多くを尋ねている。ガルギーは黙り込んでしまった。
（ブリハッド・アーラニヤカ・ウパニシャッド　第3章6節1項からの抜粋）

フルヴィンヤサ
【15 パンチャダシャ　第15ポジション　息を吸う】アルダ・ウッタナーサナ（半分の立位前屈）
【16 ショーダシャ　第16ポジション　息を吐く】ウッタナーサナ（激しい前屈ポーズ）
【サマスティティヒ】

パスチモッタナーサナ A・B（西側を強く伸ばすポーズ A・B）

7 サプタ
第7ポジション　息を吸う

息を吐く	息を吸う	5〜8回呼吸

クラウチング
- スプリング（前方への跳躍）の前の重要なヴィンヤサの1つクラウチングに意識を向ける！
- 心に余裕を持って体を下げ、「息を吐く」ことを真剣に捉えて構える。
- 腰を両手から遠ざけ、後方に低くしゃがむ。
- 両脚と腹に力を蓄え、本格的なスプリングの準備に入る。

前方に勢いよく飛び出す（スプリング）
猫のジャンプをイメージして、勢いよく前にスプリング。

ダンダーサナ（スタッフポーズ）をとり、体を安定させる
- 次の動作でダンダーサナをとりながらポーズに生気を与える：
  ● 腿に力を入れて強く沈め、両脚に体重をかける。
  ● 腰の横に両手を配置しマットに押し付け、両腕を支える。
  ● へそを引き上げ、胸を広げ、顎を下げる。

▶ アサナ：ダンダーサナ　5〜8 + 呼吸
▶ ドリシュティ：パダヨラグライ（つま先）

フルヴィンヤサ
【サマスティティヒ】
【1 エーカム　第1ポジション　息を吸う】ウルドゥヴァ・ハスターサナ（両手を強く上に上げるポーズ）
【2 ドヴェー　第2ポジション　息を吐く】ウッタナーサナ（激しい前屈ポーズ）
【3 トリーニ　第3ポジション　息を吸う】アルダ・ウッタナーサナ（半分の立位前屈）
【4 チャットヴァーリ　第4ポジション　息を吐く】チャトランガ・ダンダーサナ（四肢で支える杖のポーズ）
【5 パンチャ　第5ポジション　息を吸う】ウルドゥヴァ・ムカ・シュヴァナーサナ（上向きの犬のポーズ）
【6 シャット　第6ポジション　息を吐く】アド・ムカ・シュヴァナーサナ（下向きの犬のポーズ）

Chapter3 プライマリーシリーズのポーズ

息を吸う	8 アシュタ 第8ポジション　息を吐く	9 ナヴァ　第9ポジション　息を吸う
	息を吐く→5〜8回呼吸	息を吸う

つま先を掴み、セットアップ・ポジションをとる

- 両腕を前方に伸ばし、両足の親指を掴み、次のアクションの準備をする。
- 太腿を力強くマットに沈め、お尻から足先まで長く伸ばす。
- 両腕を体の方に引き戻し、胸を大きく張り、腹をへこませる。
- アクション前の準備の重要さを理解する。

❋ヴィンヤサ・メタ・ビュー
練習生の皆さんと、セットアップ・ポジションの重要性を共有したい。自分の影が常に自分の後を追うように、ポーズも常にセットアップ・ポジションの後を追う。更にもう一歩深めるなら、自身の内側に宿る真の自己が肉体の自分（表面的な、小さな自分）の源であるように、セットアップ・ポジションはポーズの源なのである。

前屈を行う

- ジャックナイフを閉じるように、大地に根付いた両脚に向けて上体を振り下ろす。
- 体を前に倒し切ったら肺の中の空気を全て絞り出す。
- 前屈をしている間、両脚、両腕、頭、胴体に更に体重をかける。
- 重力とヨガの5大要素の1つ「大地」を再認識し味方につける。重力に任せて自然に深くポーズに入り込む。
- 両足に視線を送るか、脛に顎を沿わせて前方を見つめる。または、下を向く。

▶アサナ：パスチモッタナーサナA　5〜8＋呼吸
▶ドリシュティ：パダヨラグライ（つま先）

頭を上げ、両腕を伸ばし、動きを止める

- 目的を意識して動く。両脚に力を入れて大地に根付かせ、胴体を引き上げ、両腕を引き寄せ、その場でダイナミックに静止する。

— 89 —

息を吐く→吸う　　　　　　　　　　　　息を吐く→5〜8回呼吸

両手を前方に伸ばし、パスチモッタナーサナBのセットアップを行う
- 両足の親指の付け根部分に両手首を回して組み、全ての動きを止める。
- セットアップ・ポジションに生気を送る。
1）両脚に力を入れて大地に根付かせ、両腕を体の方へ強く引き寄せる。
2）頭を上げ、胸を広げ、腹を引き上げる。

意識して息を吐きながら前屈
- 肺から空気を押し出しながら、頭を両脚に向けてに振り下ろす。
- 明確な停止場所を見つけ、次の動作で力強い静寂さを作り出す：
● 両脚を長く伸ばし、力を入れる。
● 手でもう片方の手首をしっかりと掴み、両足の親指の付け根部分にかけ、足裏と両腕とで互いに押し合う（前方に押す足と手前に引く腕）。
● 肘を引き上げたまま（マットに沈めずない）、両腕に力を入れる。
● 背骨を伸ばし、体重を下に落とし、上体を沈める。
● 吸う息は背骨に沿わさせて上方（頭部）へ向かわせ、吐く息は下方（お尻）に向かわせる。
● 体内の中枢を目覚めさせ、生命力をシュシュムナに流入させる。

▶アサナ：パスチモッタナーサナB　5〜8＋呼吸
▶ドリシュティ：パダヨラグライ（つま先）

10 ダシャ
第10ポジション　息を吸う

息を吸う　　　　　　　　　　　　息を吐く

11 エーカーダシャ
第11ポジション　息を吸う

息を吸う

胸を引き上げ、セットアップ・ポジションに戻り、動きを止める
- 手首を固定したまま両足を引き寄せるように力を入れ、上体を半分起こしたところで動きを止める。
- 瞬時に手足を安定させ、背筋を伸ばす。
- みぞおち部分を引き上げ、「ウディヤナ・バンダ」を実践する。

✼ **ヴィンヤサ・メタ・ビュー**
座位の前屈のポーズを解く時、頭を完全に起こす手前で動きを止めて体を活性化するのは難しいが、それを実践することで、多くの達人が次のような超能力を手に入れた。精神の健康を促進する「呼吸の力」、新陳代謝を高める「熱・エネルギーを作る力」、精神力を増大させる「大地と繋がる力」。

息を吐きながら、リフトアップの準備をする
- 座ったまま背筋を立て、後継姿勢をとり、膝を曲げて足首を交差させる。
- 両足を上げ、両手を腰より前に置きマットにしっかり付ける。
- そのままの姿勢でエネルギーを溜め、次のアクションに備える。

マットを強く押して上体をマットから浮かす
- 両手でマットを強く押し、坐骨と両足を一緒に同じ高さに持ち上げる。
- 両足を体に引きつけ、頭と胸を前に傾け始める。

12 ドヴァーダシャ
第12ポジション　息を吐く

息を吐く

13 トラヨーダシャ
第13ポジション　息を吸う

息を吸う

14 チャトルダシャ
第14ポジション　息を吐く

息を吐く

ジャンプバックする
- 両肘を曲げ、腕を軸に上半身を前傾させながら下ろし、両脚を後ろに蹴り出す。

息を吐き続ける

空中に円を描くように頭を上げ、上向きの犬のポーズをとる
- 頭を上げ、背骨を反らし、伸ばした腕をしっかりと大地に根ざす。
- 腰からつま先まで力を入れて伸ばし、同時に螺旋を描くような仕草で頭を上げて反らす。
- 蛇のような形を作る。

一気に下向きの犬のポーズに入る
- リズミカルに腰を後ろに引き上げ、エネルギーの波に乗って、勢いよく下向きの犬のポーズをとる。
- 下向きの犬のポーズに入ったら動きを止める。その状態で1～2回呼吸をする。立位のポーズとポーズの間でサマスティティヒに戻るように、姿勢をリセットする。

体を固定して息を吐き切る
- 両足がマットについたら、素早く全身に力を入れて動きを止める。
- 頭、胴体、骨盤、脚の位置をコントロールし、重力に逆らわないダンダ（杖）を体現する。
- 身体の動きや思考の活動を停止し、しばしその状態に陶酔する。

フルヴィンヤサ
【15 パンチャダシャ　第15ポジション　息を吸う】アルダ・ウッタナーサナ（半分の立位前屈）
【16 ショーダシャ　第16ポジション　息を吐く】ウッタナーサナ（激しい前屈ポーズ）
【サマスティティヒ】

🪷 プールヴォッタナーサナ（東側を強く伸ばすポーズ）

7 サプタ
第7ポジション　息を吸う

息を吐く　　　　　　　　　　　息を吸う　　　　　　　　　　　息を吐く

クラウチング
- 精一杯身を縮め、動物を思わせるしゃがみ方を繰り返し表現する。まるで遊び盛りの子供の様に、練習という冒険に一心不乱に飛び込む。

ジャンプ・スルーして腰を下ろす
- 上方向ではなく前方に体を飛ばす。
- 両手よりも遥か向こう側に着地する。

両手を後ろに回し、セットアップ・ポジションをとる
- 腰の後ろ約30センチのところに両手をおき、指を前に向ける。
- 両腕を伸ばし、太腿に力をいれてマットを押し付け、両脚を真っ直ぐに伸ばす。
- 腰をマットに付けたまま、胸を持ち上げ、息を大きく吸って背骨を体の内側に引き寄せ、反らす。
- 全身に大量の生命エネルギーを充満させ、リバース・プランク（逆向きのプランク）のポーズを準備する。

フルヴィンヤサ

【サマスティティヒ】
【1 エーカム　第1ポジション　息を吸う】ウルドゥヴァ・ハスターサナ（両手を強く上に上げるポーズ）
【2 ドヴェー　第2ポジション　息を吐く】ウッタナーサナ（激しい前屈ポーズ）
【3 トリーニ　第3ポジション　息を吸う】アルダ・ウッタナーサナ（半分の立位前屈）
【4 チャットヴァーリ　第4ポジション　息を吐く】チャトランガ・ダンダーサナ（四肢で支える杖のポーズ）
【5 パンチャ　第5ポジション　息を吸う】ウルドゥヴァ・ムカ・シュヴァナーサナ（上向きの犬のポーズ）
【6 シャット　第6ポジション　息を吐く】アド・ムカ・シュヴァナーサナ（下向きの犬のポーズ）

8 アシュタ	9 ナヴァ	10 ダシャ
第8ポジション　息を吸う	第9ポジション　息を吐く	第10ポジション　息を吸う

息を吸う→5〜8回呼吸

息を吸う

息を吸う

体をマットから浮かせ、胸を開き、手足を伸ばす

- 頭を引き上げ、腕に力を入れ、胸を開き、背骨を体の前面に引き寄せてアーチ形にする。
- リバース・プランクになったら、両脚を伸ばし、太腿に力を入れる。
- 頭を後ろへ下ろし、胸を高くして高いドーム形を作る。
- 空中に鼻で円を描くように頭全体を後方に向け、最後にマットを見る。

▶アサナ：プールヴォッタナーサナ　5〜8＋回呼吸
▶ドリシュティ：ブローマディヤ（眉間）

セットアップ・ポジションに戻り静止する

- 最小限の動きでセットアップ・ポジションに戻る。
- 腰をマットに付け、胸を開き、頭を真っ直ぐにして静止する。

息を吐く

ジャンプバックを準備する

- クラウチング：後傾姿勢になり、膝を曲げ、足を浮かせて足首を交差させ、両手を腰よりも前の位置でマットに押し付ける。
- 圧縮コイルばねを縮めるように背中をコンパクトにして力を蓄え、パワフルなリフトアップの準備をする。

一気にパワーを弾けさせて上体を浮かす

- 両手でマットを強く叩くように押し、腰と足を同じ高さに持ち上げる。
- 足を体の方に引き寄せ、頭と胸を突き出して前傾姿勢をとる。

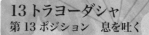
Chapter3 プライマリーシリーズのポーズ

11 エーカーダシャ
第11ポジション　息を吐く

息を吐く

ジャンプバック
- 速やかに肘を曲げ、腕を軸にして胸を突き出し、両脚を後ろに蹴る。

息を吐き続ける

チャトランガ・ダンダーサナで静止する
- 瞬時に生き生きとしたポーズをとる。
- 軽快なリズムで肺から空気を一気に吐き出して空っぽにし、体全体をピタリと止める。

✿ヴィンヤサ・メタ・ビュー
生徒：どうすれば、一気に息を吐き出すことができますか？
先生：色々と実験しなさい！最後の息を吐く瞬間に速度を速め、体幹の呼吸筋を全て働かせなさい。龍を想像してみるのも良い。猛烈な勢いで鼻から吐き出された息が渦を巻きながら上昇するのをイメージしよう。

フルヴィンヤサ
【14 チャトルダシャ　第14ポジション　息を吸う】アルダ・ウッタナーサナ（半分の立位前屈）
【15 パンチャダシャ　第15ポジション　息を吐く】ウッタナーサナ（激しい前屈ポーズ）
【サマスティティヒ】

12 ドヴァーダシャ
第12ポジション　息を吸う

息を吸う

上向きの犬のポーズをとり肺いっぱい空気を吸い込む
- ポーズに入る時は、全身をフルに使う。下半身、体の中心、上半身の動きの統合を意識する。
- ●下半身：つま先を伸ばして一点を押さえ、足首も伸ばし、腰から足先まで力を入れ真っ直ぐに伸ばして固定する。
- ●体の中心：尾てい骨を強く押し下げ、へそを引き上げる。
- ●上半身：空中に円を描くように頭を上げ、胸を大きく広げ、背骨を反らし、床を押すようにして腕を伸ばす。

13 トラヨーダシャ
第13ポジション　息を吐く

息を吐く

下向きの犬のポーズで動きを止める
- 腰を速やかに後方に引き上げると同時に、その勢いで足の甲を返して上向きにする。
- その間、両腕両脚は伸ばしたままにする。

✿ヴィンヤサ・メタ・ビュー
ハタ・ヨガに精通していれば、下向きの犬のポーズがウディヤナ・バンダの実践にうってつけであることを知っているはずだ。その方法は次の通り：
1）ポーズに全神経を集中させ、手足に力を入れて全身の動きを止める。
2）背骨を長く伸ばす。
3）息が背骨を通って骨盤の付け根まで下りて行くのを意識して吐く。
4）息を吸う直前、へそを引き上げて下腹部を引き込む。グレイハウンド犬の腹のように空洞にする。

アルダ・バッダ・パドマ・パスチモッタナーサナ（半蓮華座の座位で行う前屈のポーズ）

7 サプタ
第7ポジション　息を吸う

息を吐く　　　　　　　　　　息を吸う　　　　　　　　　　自然な呼吸

クラウチング
- 両手でマットを強く押し、腰を沈める。
- 後方に低くしゃがみ、脚にエネルギーを溜める。
- 速やかに脚を前に蹴り出す準備をする。
- クラウチングの姿勢を楽しもう！全ての力を結集して、一挙手一投足に全幅の信頼を寄せて臨む。

ジャンプスルーしてダンダーサナのポーズをとる
- 最小限の動きで前方にジャンプし、両手の遥か向こう側に着地する。

右足で半蓮華座を組み、右手で右足を掴む
- 右の足裏を返して半蓮華座を組む：
1) 右脚を右斜め前方に出す。
2) 右の太腿を股関節から外旋させる。
3) 右の足裏を返し、左の太腿の付け根上部に向かってさっと引き寄せる
4) 両手で右足を掴み、かかとをへその方に引き上げて半蓮華座を完成させる。

❋**ヴィンヤサ・メタ・ビュー**
足の裏を返す（上に向ける）フリップ・ムーブは蓮華座を組むのに効果的な方法だ。脚全体を動かしたり、腕を使いすぎたりせずに済む。フリップ・ムーブを賢く行なって半蓮華座を組もう。

フルヴィンヤサ
【サマスティティヒ】
【1　エーカム　第1ポジション　息を吸う】ウルドヴァ・ハスターサナ（両手を強く上に上げるポーズ）
【2　ドヴェー　第2ポジション　息を吐く】ウッタナーサナ（激しい前屈ポーズ）
【3　トリーニ　第3ポジション　息を吸う】アルダ・ウッタナーサナ（半分の立位前屈）
【4　チャットヴァーリ　第4ポジション　息を吐く】チャトランガ・ダンダーサナ（四肢で支える杖のポーズ）
【5　パンチャ　第5ポジション　息を吸う】ウルドゥヴァ・ムカ・シュヴァナーサナ（上向きの犬のポーズ）
【6　シャット　第6ポジション　息を吐く】アド・ムカ・シュヴァナーサナ（下向きの犬のポーズ）

Chapter3 プライマリーシリーズのポーズ

息を吸う	8 アシュタ 第8ポジション　息を吐く 息を吐く→5〜8回呼吸	9 ナヴァ 第9ポジション　息を吸う 息を吸う

右手を背中に回して左足をキャッチし、セットアップ・ポジションをとる
- 右手を背中に振り、右足を掴む。
- 左手を前方に伸ばして、左足の外側を掴む。
- 一時動きを止めて、次の動作を確認する：
● 手足をマットに根付かせる。
● 胸を持ち上げる。
● 背筋を伸ばす。
● へそを引き上げ、次のアクションの準備を整える。

速やかに前屈してポーズに入る
- 伸びている脚に勢いよく体を倒す。
- 目的の位置にまで頭を下げポーズに入る。
- ポーズに入ったら、体の内側に意識を集中し、両脚、両腕、骨盤、胴体、頭に重みをかける。
- 大地のように体を安定させる。自分の意志で体を重くするのは、ヨギの間では「ガリマー・シディ（Garimā Siddhi）」と呼ばれる特別な能力である。

▶アサナ：アルダ・バッダ・パドマ・パスチモッタナーサナ（右側）　5〜8回呼吸
▶ドリシュティ：パダヨラグライ（つま先）

上半身をセットアップ・ポジションまで戻す
- 足を掴んだまま、頭と胴体を半分の高さまで上げる。
- 一瞬で静止して脚を根付かせ、背中を引き上げ、ウディヤナ・バンダを実践する。
- セットアップ・ポジションで体に精気を与えると、神経回路をプラーナで充満させ、シュシュムナ（生命エネルギー）にエネルギーを流すことができる。

— 97 —

	10 ダシャ 第10ポジション　息を吸う	**11 エーカーダシャ** 第11ポジション　息を吐く
息を吐く	息を吸う	息を吐く

クラウチング
- 座ったまま後傾姿勢をとり、膝を曲げ、床から足を上げて足首を交差させる。
- 両手を腰の前においてマットを強く押し、一気に肺から空気を吐き、体を一気に持ち上げる準備をする。

体をマットから上げる
- 手でマットを叩くように押し、お尻と足を同じ高さに持ち上げる。両足を体に引き寄せ、頭と胸を突き出して前傾姿勢をとる。

ジャンプバック
- 両肘を曲げ、胸をマットに沈め、腕を軸に体を回転させる。
- 上半身を前に突き出し、脚を後ろに蹴り飛ばす。

息を吐き続ける

チャトランガ・ダンダーサナ（四肢で支える杖のポーズ）を行う
- チャトランガ・ダンダーサナ（四肢で支える杖のポーズ）のポーズを決めて静止する。
- しばし、ポーズの醍醐味を味わう。
- マットに水平になった体を堪能する。

Chapter3 プライマリーシリーズのポーズ

12 ドヴァーダシャ
第12ポジション　息を吸う

息を吸う

13 トラヨーダシャ
第13ポジション　息を吐く

息を吐く

14 チャトルダシャ
第14ポジション　息を吸う

息を吐き続ける

クラウチング
- 腰を低く沈め、両腕に力を込める。
- パチンコのゴムを引いて力を溜めるように、体内にネルギーを蓄積する。
- 吐く息を背骨の根本にあるパワーセンターへと導く。

息を吸う

ウルドゥヴァ・ムカ・シュヴァナーサナ（上向きの犬のポーズ）
- 速やかに頭を上げ、背骨を反りながら一番高い位置まで引き上げる。
- 両脚、両腕を固定し、胸を前に突き出して、柱のように真っ直ぐ『そびえる』両腕の間に配置させ、さらに押し上げる。

アド・ムカ・シュヴァナーサナ（下向きの犬のポーズ）
- 腰を力いっぱい後ろに引き上げると同時に、勢いよく息を吐く。
- 力強さと慈悲深さを兼ね備えた息に乗って、腰がスーッと後ろに引き上がるのをイメージする。

スプリング
- 溜め込んだエネルギーをジャンプスルーに向ける。
- 両腕の間に両脚を通し、両手よりも遥か前方に運ぶ。
- 最小限の動きでジャンプスルーを行う。出発点から着地点まで一直線に進むことを目指す。飛び上がったり、失速したりしない。純粋に前方へ跳躍する。

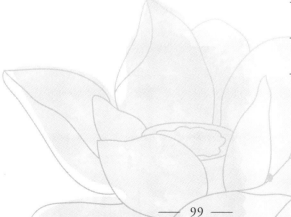

99

15 パンチャダシャ
第15ポジション 息を吐く

自然な呼吸 息を吸う 息を吐く→5〜8回呼吸

左足で半蓮華座を組み、左手で左足を掴む

- 左の足裏を返して半蓮華座を組む：
1）左脚を左斜めに出す。
2）左の太腿を股関節から外旋させる。
3）左の足裏を上に返して、右の太腿の付け根に引き寄せる。カエルの足の動きをイメージしよう。
4）右太腿の上に乗せた左足を両手ですくうように持ち上げ、かかとをへその方の方に引き寄せ半蓮華座を組む。

左手で左足を掴み、セットアップ・ポジションをとる

- 左腕を背中に振り、左足を掴む。
- 右手を前に伸ばし、右足を掴む。途中で静止して体を活性化する。
- 太腿に力をいれ、胸を持ち上げ、背筋を伸ばし、へそを吸い上げ、力強い前屈に備える。

前屈して左側を行う

- 伸ばした脚に向けて降下する。
- 前屈に入る時も戦略的に動き、勢いをつけて体内のエネルギーを逃がさないようにし、生き生きとしたポーズを目指す。
- 停止地点を見極めてピタリと静止する。
- 呼吸のリズムを実感する。巧みな呼吸によって生み出されるプラーナの波動を、全身に送り込む。
- 力強く、生き生きとした静寂さを作り出すことに喜びを感じよう。

▶アサナ：アルダ・バッダ・パドマ・パスチモッタナーサナ（左側）5〜8回呼吸
▶ドリシュティ：パダヨラグライ

16 ショーダシャ
第16ポジション　息を吸う

息を吸う

上体を起こしセットアップ・ポジションに戻る
- 胸を持ち上げ、右足を掴んだまま、一瞬静止する。
  • 両脚に力を入れ、肺を空気で満たし、胸を豊かに膨らませ、背骨の根元からエネルギーを引き上げる。

息を吐く

クラウチング
- 背筋を伸ばして後傾姿勢をとり、膝を曲げて足をマットから上げる。
- 圧縮コイルばねを押し縮めるように背中をコンパクトにする。
- バネのごとく体が弾け出るように、両手でマットを強く押して次のアクションに備える。

17 サプタダシャ
第17ポジション　息を吸う

息を吸う

体をマットから上げる
- 両手でマットを強く押して腰と両足を床から上げる。
- 両足を体に引き寄せ、上体を前傾させる。

18 アシュターダシャ
第18ポジション　息を吐く

息を吐く

ジャンプバック
• 肘を曲げ、両腕を軸にコンパクトにまとめた体を回転させる。
• 両脚を後ろに蹴り出し、肘を曲げたまま上体を低くする。

息を吐き続ける

チャトランガ・ダンダーサナ（四肢で支える杖のポーズ）
- 正確な位置で静止し、両腕両脚を長く伸ばし、頭、胴体、骨盤、脚を決して折れない杖と化す。
- 四肢に力を入れてマットに根付かせ、杖のポーズを完成させる。
- 純粋な静止状態を作り出す。

19 ナヴァダシャ	20 ヴィムシャティヒ
第19ポジション　息を吸う	第20ポジション　息を吐く

息を吸う　　　　　　　　息を吐く

両腕両脚を根付かせて背中を反らす

- チャトランガから上体を起こす直前に、両脚に力を入れて、後方に僅かなエネルギーを走らせる。
- 両脚を頑強に根付かせたまま、頭と背骨を速やかにかつ大胆に起こす。
- 最終地点で、胸を勢いよく膨らませ、両腕を真っ直ぐにしてマットを押す。

アド・ムカ・シュヴァナーサナ（下向きの犬のポーズ）

- 強さと慈悲深さを兼ね備えた力で、腰を後ろに推進させる。
- 両脚と両腕を伸ばしたまま、スピーディに腰を後ろに引き上げる。
- 下向きの犬のポーズをとりながら内なる世界に意識を向け、完全に静止する。僅かな間、時間を忘れ、自身のハート・チャクラ（アナーハタ）に宿る光の源に思いを馳せる。

フルヴィンヤサ

【21 エーカーヴィムシャティヒ　第21ポジション　息を吸う】アルダ・ウッタナーサナ（半分の立位前屈）
【22 ドゥヴァヴィムシャティヒ　第22ポジション　息を吐く】ウッタナーサナ（激しい前屈ポーズ）
【サマスティティヒ】

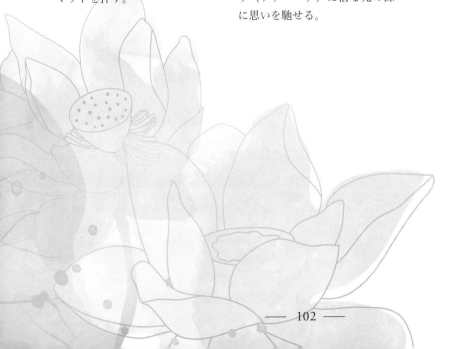

トリアンガ・ムカ・エカパーダ・パスチモッタナーサナ（片脚を曲げた前屈のポーズ）

7サプタ
第7ポジション　息を吸う

| 息を吐く | 息を吸う | 自然な呼吸→息を吸う |

腰を沈めてクラウチング
- 深く腰を沈め大地との絆を作る。

☀ヴィンヤサ・メタ・ビュー
ヨガの5大要素の1つ「大地」を体現するには、ポーズに深く入りこみ、微動だせずに心身ともに安定させることだ。「大地」の性質には、「不変性」「忠誠心」「寛大さ」「信頼性」などがある。

跳躍してダンダーサナ
- 短距離走者のように飛び出す。
- 脚を真っ直ぐ伸ばし、ダンダーサナに入る。

5大要素：大地（土）

右膝を曲げ、上体を半分起こしてセットアップ・ポジションをとる
- 右膝を曲げて、脛と太腿をピッタリと付ける。
- 両方の膝を離して、太腿を平行に置く。
- 両方の座骨を均等に根付かせ、前方に体重をかけ、太腿でマットを強く押す。
- 両腕を前に伸ばし、左足裏の親指の付け根部分に両手首をかけ、この第7ヴィンヤサ・ポジションの最後で静止。
- 伸ばした脚をその場に根付かせながら、両腕を体に引き寄せる。背骨とへそを引き上げ、尾てい骨に眠るクンダリーニ・シャクティを目覚めさせる。

フルヴィンヤサ

【サマスティティヒ】
【1 エーカム　第1ポジション　息を吸う】ウルドヴァ・ハスターサナ（両手を強く上に上げるポーズ）
【2 ドヴェー　第2ポジション　息を吐く】ウッタナーサナ（激しい前屈ポーズ）
【3 トリーニ　第3ポジション　息を吸う】アルダ・ウッタナーサナ（半分の立位前屈）
【4 チャットヴァーリ　第4ポジション　息を吐く】チャトランガ・ダンダーサナ（四肢で支える杖のポーズ）
【5 パンチャ　第5ポジション　息を吸う】ウルドゥヴァ・ムカ・シュヴァナーサナ（上向きの犬のポーズ）
【6 シャット　第6ポジション　息を吐く】アド・ムカ・シュヴァナーサナ（下向きの犬のポーズ）

8 アシュタ
第8ポジション　息を吐く

息を吐く→5〜8回呼吸

両方の太腿を根付かせ、伸びた脚に頭をスッと落とす
- 前屈を最大限に実践するには、背骨を斜め前方へ突き出してから頭を脛に下げる。

☀ ヴィンヤサ・メタ・ビュー
前屈のゴールは、できるだけ早く深く頭を脚に下げることだと思われがちだ。しかし、頭を下げることに集中しすぎると、体を痛めたり、心が乱れたりする。さらに悪いことに、ポーズの本質である「背骨を伸ばす」ことが蔑ろにされる。前屈は、3つの軌道上（上方、前方、外側）に沿って背骨を伸ばし、最後に脚に向かって下ろす、とイメージすると良い。そうすることで、背骨を最大限に伸ばす、脚に向かって下ろす、という動きが同じように重要であることに気づく。

▶ アサナ：トリアンガ・ムカ・エカパーダ・パスチモッタナーサナ（右側）5〜8回呼吸
▶ ドリシュティ：パダヨラグライ（つま先）

9 ナヴァ
第9ポジション　息を吸う

息を吸う

上半身をセットアップ・ポジションまで戻す
- 胸を広げ、脚をマットに根付かせたまま両腕を伸ばし、伸びた脚をしっかりと押さえる。
- 上体を半分上げた位置で静止し、肺に空気を吸い込み、全身にプラーナを巡らせる。

息を吐く

リフトアップの準備をする
- 座ったまま後傾姿勢をとり、膝を曲げる。両足を浮かし体をコンパクトにして、腰の前に両手をおいてマットを強く押す。
- その状態でリフトアップのためのエネルギーを蓄える。

Chapter3 プライマリーシリーズのポーズ

10 ダシャ
第10ポジション　息を吸う

息を吸う

体をマットから上げる
- マットを叩くように押して素早く体を上げる。
- ウェイト・リフティングのクリーン・アンド・ジャークのようにパワーを爆発させ、体を引き上げる。

11 エーカーダシャ
第11ポジション　息を吐く

息を吐く

ジャンプバック
- 肘を曲げ、体をコンパクトにした状態で腕を軸に体を前に倒す。
- 両脚を後ろに蹴り飛ばしながら鼻を意識的にマットの方に沈める。
- 両脚が完全に伸びたら両足をマットに付けて静止する。

息を吐き続ける

最終地点で息を吐いて静止
- 四肢の杖のポーズで静止し、ヨガの最大のテクニック、ニローダ（制する・コントロールする）を実践する。

12 ドヴァーダシャ
第12ポジション　息を吸う

息を吸う

マットを強く押し頭を上げ、両腕を伸ばす
- 目一杯背骨を反らす。息を吸うタイミングと反らすタイミングを合わせる。
- 目一杯反らしたところで体の位置を明確に定め維持する。
- 次の事柄に注意する：
●両手で均等にマットを押す。
●両腕を長く伸ばす。
●頭を上げ、背骨を肩甲骨から引き離す。
●腰からつま先まで、骨全体にエネルギーを流し脚を強固にする。

☀ ヴィンヤサ・メタ・ビュー
ポーズからポーズの移行（トランジション）ごとに、どのような形で静止するかをイメージする。目指すポーズを明確にし、ポーズをとったら自信を持って静止する。戦略的な動きと決定的な停止で、ヨガ最大の目的、チッタ・ヴルティ・ニローダ（心の動きを止める、または正しく導く）を実践する。

13 トラヨーダシャ
第13ポジション　息を吐く

息を吐く

アド・ムカ・シュヴァナーサナ（下向きの犬のポーズ）
- 堂々と腰を後ろに引き上げ、力強く息を吐く。
- この移行をプラーナヤマ（呼吸のコントロール）の練習とし、ポーズに無の心の輝きを与える。

14 チャトルダシャ
第14ポジション　息を吸う

息を吐き続ける　　　　　　自然な呼吸→息を吸う

クラウチング
- 両手でマットを押し、膝を曲げ、腰を後方に突き出す。
- 静止してエネルギーを溜め、腰を落として前方への大きな跳躍に準備する。
- アクションの前のアクションを楽しむ。

息を吸う

スプリング
- スピーディーに前に飛び出す。
- 足でリードし、両脚を真っ直ぐ保ったまま胸の方向に蹴り出し、ダンダーサナのポーズに入る。

左の膝を曲げ、セットアップ・ポジションをとる
- 左膝を曲げてかかとを後ろに回し、脛を太腿にピタリと付けてお尻をマットに根付かせる。
- 両膝を離し、太腿をピンと伸ばす。
- 両腕を前に伸ばし、右手で左手首を握り右足裏の親指の付け根部分に当てる。
- 静止して、前屈のための力を集める。

Chapter3 プライマリーシリーズのポーズ

| 15 パンチャダシャ 第15ポジション 息を吐く | 16 ショーダシャ 第16ポジション 息を吸う | 17 サプタダシャ 第17ポジション 息を吸う |

息を吐く→5〜8回呼吸

息を吸う

息を吸う

前屈し頭または顎を脛に付ける
- 背骨を前方に突き出す。
- 伸ばした脚に上体をスッと落とす。
- 頭を脛のあたりまで下げる。
- 体が本来持っている大地への愛着を呼び起こし、「大地」の要素を体現する。
- 鉄が強力な磁石に吸い寄せられるように、ポーズを通して大地に深く引き込まれる感覚を楽しむ。

▶アサナ：トリアンガ・ムカ・エカパーダ・パスチモッタナーサナ（左側）5〜8回呼吸
▶ドリシュティ：パダヨラグライ（つま先）

上体を起こしセットアップ・ポジションに戻る
- 胸を持ち上げ、両腕を伸ばし、大きく息を吸い込んでポーズをとる。
- 伸ばした方の脚を体から遠くに蹴り出し、腕でそれを引き寄せ、体の中心を活性化する。

息を吐く

クラウチング
- お尻をマットに付けたまま、魂を震撼する勢いで上体を圧縮してクラウチングを作り、背骨の付け根に向けて息を吐く。
- エネルギーを溜め込むアクションを1つのアート表現として捉える。

手でマットを強く押し腰をマットから浮かす
- 絶妙なタイミングを図り、テンポよく体を持ち上げる。
- マットを叩き付けるように押して体を持ち上げ、足を体に引き寄せる。

息を吐く

ジャンプバック
- 肘を曲げて前傾姿勢になり、腕を軸に体を回転する。
- 胸を前に突き出し、脚を後ろに蹴る。

18 アシュタ―ダシャ 第 18 ポジション　息を吐く	19 エーコーナヴィムシャティヒ 第 19 ポジション　息を吸う	20 ヴィムシャティヒ 第 20 ポジション　息を吐く
息を吐き続ける	息を吸う	息を吐く

頭から足の先まできれいな直線にする
- 全身で行う祈りの姿勢、チャトランガ・ダンダーサナ（四肢で支える杖のポーズ）を決める

吸いながらウルドゥヴァ・ムカ・シュヴァナーサナ（上向きの犬のポーズ）
- キレのある動きで上向きの犬のポーズを行い、手足を安定させて背骨を気持ちよく反らす。
- 後屈を強化するには、上半身と下半身で相反するエネルギーの流れを作るのが効果的だ。胸は前に突き出す。両脚は力を入れてマットに根付かせ後ろに引く。頭は力強く螺旋を描くように反らす。

腰を後ろに引き上げてアド・ムカ・シュヴァナーサナ（下向きの犬のポーズ）を決める
- 吐く息と同時に体を後ろに引き上げて下向きの犬のポーズをとる。
- 手足、感覚、心を安定させる。
- 内側に潜む自分だけの世界に入り込む。
- 心に宿る純粋かつ永遠なる至福の神の存在を信じて瞑想し感謝を捧げる。

フルヴィンヤサ
【21 エーカーヴィムシャティヒ　第 21 ポジション　息を吸う】アルダ・ウッターナーサナ（半分の立位前屈）
【22 ドゥヴァヴィムシャティヒ　第 22 ポジション　息を吐く】ウッターナーサナ（激しい前屈ポーズ）
【サマスティティヒ】

ジャーヌ・シールシャーサナ A（頭を膝に付けるポーズA）

7サプタ
第7ポジション　息を吸う

息を吐く　　　　　　　　　　息を吸う　　　　　　　　　　自然な呼吸→息を吸う

クラウチング　手足に力を入れる
- ピッチャーの投球前の構えのように、腰を低くして体にエネルギーを蓄える。

ジャンプしてダンダーサナに入る
- 前方へ勢いよくジャンプ。両足を前方へ蹴り出しダンダーサナに入る。

両脚両腕に力を入れ、胸を持ち上げ、セットアップ・ポジションをとる
- 右膝を曲げて90度外に向け、胴体を正面を向ける。
- 両腕を前に伸ばし、左手で右手首を掴み、足裏の親指の付け根部分にかけて固定する。
- このポジション（第7ヴィンヤサの最終ステージ）で体を安定させる。
- 頭と胸を上げ、両脚でマットを強く押し、両腕を体の方に引き寄せる。

フルヴィンヤサ

【サマスティティヒ】
【1　エーカム　第1ポジション　息を吸う】ウルドヴァ・ハスターサナ（両手を強く上に上げるポーズ）
【2　ドヴェー　第2ポジション　息を吐く】ウッタナーサナ（激しい前屈ポーズ）
【3　トリーニ　第3ポジション　息を吸う】アルダ・ウッタナーサナ（半分の立位前屈）
【4　チャットヴァーリ　第4ポジション　息を吐く】チャトランガ・ダンダーサナ（四肢で支える杖のポーズ）
【5　パンチャ　第5ポジション　息を吸う】ウルドゥヴァ・ムカ・シュヴァナーサナ（上向きの犬のポーズ）
【6　シャット　第6ポジション　息を吐く】アド・ムカ・シュヴァナーサナ（下向きの犬のポーズ）

☀ ビンヤサ・メタ・ビュー
相反する力を巧みに使うことによって、エネルギーを生み出す繊細な技法「ムドラ」が習得できる。ムドラは瞑想の主たる特徴である内的な気づきを喚起する。このポーズで言えば、足にかけた腕を体の方に引き寄せながら、伸ばした足の位置を固定することで生まれる。

| 8 アシュタ 第8ポジション 息を吐く | 9 ナヴァ 第9ポジション 息を吸う | 10 ダシャ 第10ポジション 息を吸う |

息を吐く→5〜8回呼吸　息を吸う　息を吸う

ポーズに入る
- 前屈に全意識を注ぎ、力強く目的地に上体を下す。
- 呼吸のリズムと一緒に前屈に全神経を注ぐ。

▶アサナ：ジャーヌ・シールシャーサナA（右側）5〜8回呼吸
▶ドリシュティ：パダヨラグライ（つま先）

セットアップ・ポジションに戻る
- 頭と胴体を起こし、中間地点で静止する。
- 太腿を固定し、スピーディーに背骨の根元から上体を起こす。
- 心を乱す思考を停止し、光輝く「今この瞬間」を満喫する。

息を吐く

スプリング
- 両手で素早くマットを押し、勢いよく体を持ち上げる。
- 両足を引き寄せて、上半身を前傾させる。

クラウチング
- 後傾姿勢をとり膝を曲げる。両足を上げ、両手を腰の前でマットに付け静止する。
- 手足に力を入れ、体内のボルテージを上げて強力なジャンプバックを繰り出す。

Chapter3 プライマリーシリーズのポーズ

11 エーカーダシャ 第11ポジション 息を吐く	12 ドヴァーダシャ 第12ポジション 息を吸う	13 トラヨーダシャ 第13ポジション 息を吐く
息を吐く	息を吸う	息を吐く

ジャンプバック

- 肘を曲げ、腕を軸に体を前傾させてバランスをとり、両足を後ろに蹴り出す。
- 肘を更に曲げ、上腕がマットと平行になるまで胸を沈める。

息を吐き続ける

息を完全に吐き切りチャトランガ・ダンダーサナ（四肢で支える杖のポーズ）に入る

- チャトランガ・ダンダーサナに入ったら全ての動きを止めて静寂さを実感する。
- 体の各部位を微妙に活性化する。肘を締め、腕に力を入れ、脚を活気づけ、主要な3つの身体部位：骨盤、胴体、頭を安定させる。

息を吸い切ってウルドゥヴァ・ムカ・シュヴァナーサナ（上向きの犬のポーズ）を行う

- コブラのように素早くマットから頭を上げ、次のアクションの準備をする。
- 頭と背骨を反らす、腕を伸ばす、脚に力を入れる、の全てを最小限の動きで同時に行う。
- 動きの最初から最後まで同じスピードを貫く。

腰を後ろに引き上げ、下向きの犬のポーズを行う

- 遊び心を携えて、愛すべきヤントラ（＊）、アド・ムカ・シュヴァナーサナ（下向きの犬のポーズ）を作る。（＊ヤントラに使われる幾何学模様の1つに三角形がある。）

— 111 —

14 チャトルダシャ 第14ポジション　息を吸う		15 パンチャダシャ 第15ポジション　息を吐く
息を吐き続ける	自然な呼吸→息を吸う	息を吐く→5〜8回呼吸

クラウチングで次のアクションの準備をする

- 体をマットに沈め、肺の中の空気を全て絞り出し大胆なポーズを準備する。

息を吸う

前方にジャンプする

- 両脚を伸ばしたまま一気にジャンプして両脚を腕の間に蹴り出し、お尻が両手のすぐ後ろに来る形で座る。

頭を上げ、背骨を伸ばしてセットアップ・ポジションをとる

- 左膝を曲げて左足を骨盤に引き寄せる。左太腿を90度に開き、胴体を正面に向ける。
- 両手を前に伸ばし、右手で左手首を掴んで右足裏にかける。
- 動きを止めて、セットアップ・ポジションを活性化する。右脚を伸ばし、両腕に力を入れ、胸を持ち上げ、腹をへこませる。
- アドバイス：集中を保つには、セットアップ・ポジションのたびにその姿勢に意識を向けると良い。ヴィンヤサは、私たちヨギに瞑想状態に留まることを教えてくれる。動いていても、静止していても常にその動作とともにあることを教えられる。

前屈してポーズに入る

- 伸ばした脚の方に胴体を倒し、肺の中の空気を上手に吐く。
- 前屈の際、両脚に重みを加えて固定する。
- 自然に止まったところで、不要な緊張を全身から解き放つ。
- 重力に任せて手足をマットに沈め、大地との一体化をイメージする。ポーズを通してヨガの5大要素の1つ「大地」の特徴、不動の心、安定性、信頼性、忍耐力、受容性、寛大さ、活力といった資質を学ぶ。

▶アサナ：ジャーヌ・シールシャーサナA（左側）5〜8回呼吸
▶ドリシュティ：パダヨラグライ（つま先）

16 ショーダシャ
第16ポジション　息を吸う

息を吸う　　　　　　　　息を吐く

17 サプタダシャ
第17ポジション　息を吸う

息を吸う

頭を上げ、手足に力を入れ、セットアップ・ポジションに『敬意を払う』
- 胸を持ち上げ、両腕を伸ばして足の裏にかけ、体の方に引き寄せる。
- へそを思い切り引き上げ、背骨の付け根に眠るエネルギー「ルートサポート（ムーラダーラ）」を目覚めさせて、体の中央を上下に走る生命エネルギー回路に送り込む。

次のアクションの準備をする
- 速やかに上体を起こす。
- そのまま後傾姿勢をとり、膝を曲げ、足を上げ、圧縮コイルばねを押し縮めるように体をコンパクトに収める。
- 腕に力を入れ、体の中心部を活性化し、バネのような力を発揮させる。

上体を上げる
- 両手でマットを叩くように押し、瞬時に両足とお尻を上げる。
- 両足を体に引きつけ、上半身を前に倒し始める。

18 アシュタ―ダシャ 第18ポジション　息を吐く	19 ナヴァダシャ 第19ポジション　息を吸う	20 ヴィムシャティヒ 第20ポジション　息を吐く
息を吐く	息を吸う	息を吐く

ジャンプバック
- 両足を後ろに蹴り飛ばし、上半身を前に突き出し、肘を曲げて腕を軸に体を回転させる。
- 上体を突き出したまま胸と頭を下げ、両脚を真後ろに蹴り出す。

息を吐き続ける

チャトランガ・ダンダーサナ（四肢で支える杖のポーズ）に入る
- マットと水平になり杖のポーズで静止する。両手でマットを押し、腕に力を入れ、脚を力強く伸ばし、つま先をマットに押し付ける。
- 数秒から数十秒の間、絶対的な安定を保つ。

腕を真っ直ぐ伸ばしながら背骨を伸ばす
- つま先を伸ばして足の甲でマットを押し、脚に重みを加えて押し下げ、頭を上げ、両腕を真っ直ぐに伸ばす。
- 後屈の姿勢を作った直後に、このポジションに着くことを目指す。
- 息を吸う時は、喉の奥を締めるようにしてシューッという音を立てながら細く長く息を均等に引き込む（ウジャイ呼吸法）。そうすることで、胸を大きく広げることができる。

☀ **ヴィンヤサ・メタ・ビュー**
ウジャイ呼吸で、大量のプラーナ（生命力）を体内に取り込もう。練習すれば、偉大なヨギ、アガスティアのようになれるだろう。アガスティアは、1日の戦いの後、夜中、水中に隠れて力を補充する方法を考え出した狡猾な悪魔を倒すため、一息で宇宙全体に広がる水を吸いこんで世界を救った。

腰を後方に引き上げてアド・ムカ・シュヴァナーサナ（下向きの犬のポーズ）を行う
- お尻を勢いよく後ろに引き上げる。
- 肺を空っぽにする。内臓を絞るように空気を吐いて体内の浄化を行う。偉大な聖者クリシュナマチャリヤは、『The Yogarahasya of Nāthamuni（ナータムニ師のヨーガラーハーシヤ）』の中で「他の方法では治らない病気も、ヨガアサナの地道な実践で治すことができる」と述べている。

フルヴィンヤサ

【21 エーカーヴィムシャティヒ　第21ポジション　息を吸う】アルダ・ウッタナーサナ（半分の立位前屈）
【22 ドゥヴァヴィムシャティヒ　第22ポジション　息を吐く】ウッタナーサナ（激しい前屈ポーズ）
【サマスティティヒ】

ジャーヌ・シールシャーサナ B（頭を膝に付けるポーズ B）

7サプタ
第7ポジション　息を吸う

息を吐く

膝を曲げ、力強くクラウチング
- スプリンターが金メダルを目指してスタートラインで構えるように、スプリングの準備をする。

息を吸う

前方にジャンプ！
- 力強く、軽快に前方に跳躍し、両脚を閉じてダンダーサナに入る。

フルヴィンヤサ

【サマスティティヒ】
【1 エーカム　第1ポジション　息を吸う】ウルドヴァ・ハスターサナ（両手を強く上に上げるポーズ）
【2 ドヴェー　第2ポジション　息を吐く】ウッタナーサナ（激しい前屈ポーズ）
【3 トリーニ　第3ポジション　息を吸う】アルダ・ウッタナーサナ（半分の立位前屈）
【4 チャットヴァーリ　第4ポジション　息を吐く】チャトランガ・ダンダーサナ（四肢で支える杖のポーズ）
【5 パンチャ　第5ポジション　息を吸う】ウルドゥヴァ・ムカ・シュヴァナーサナ（上向きの犬のポーズ）
【6 シャット　第6ポジション　息を吐く】アド・ムカ・シュヴァナーサナ（下向きの犬のポーズ）

自然な呼吸→息を吸う

右足のかかとの上にお尻を乗せてセットアップ・ポジションをとる
- 右膝を90度外に出して曲げ、右足を骨盤の方に引き寄せる。
- 手の指先でマットを押して腰を上げ、右足のかかとの上に骨盤底（會陰部）を乗せる。

- 両手を前に伸ばし、左手で右手首を掴んで左足裏にかける。
- 伸ばした脚に力を入れ、両腕を引き寄せる。
- 胸を持ち上げ、腹をへこませ、背骨の付け根から上体を引き上げる。

ヴィンヤサ・メタ・ビュー
このセットアップ・ポジションは「マハー・ムドラ」と呼ばれ、シャクティ（エネルギー）を高めるための強力なプラーナヤマ技法である。會陰部をかかとに乗せ、息を吐いた後、ムーラ・バンダ、ウディヤナ・バンダ、ジャーランダーラ・バンダを引き締めると、生命エネルギーがシュシュムナ（仙骨から脊髄を通り頭の一番天辺までの中心となるエネルギーの通り道）を伝って流れだす。ジャーヌ・シールシャーサナ B で行う「マハー・ムドラ」は強度の高いものではないが、「マハー・ムドラ」の力で生命エネルギーを覚醒させよう。

| 8 アシュタ 第8ポジション 息を吐く | 9 ナヴァ 第9ポジション 息を吸う | 10 ダシャ 第10ポジション 息を吸う |

息を吐く→5〜8回呼吸

息を吸う

息を吸う

ポーズに入る
- 前屈の動作：体を伸ばしてマットに沈め、豊かさの源である大地の女神、プリティヴィー（Pṛthivī）にひれ伏す。

▶ アサナ：ジャーヌ・シールシャーサナ B（右側）5〜8回呼吸
▶ ドリシュティ：パダヨラグライ（つま先）

上体を起こし中間地点で静止して、セットアップ・ポジションに戻る
- 頭と胸を上げ、腕を伸ばし、脚に力を入れて、骨盤に重みを加えて落とす。
- 中心を活性化し、腹をへこませ、背骨の根元に宿るクンダリーニ・シャクティを目覚めさせる。

息を吐く

両足と腰を上げる
- 両手で叩くようにマットを押し上体をスーッと持ち上げる。
- 両脚を引き寄せ、前傾姿勢になる。

クラウチング
- その状態で後傾姿勢をとる。膝を曲げ、両足を上げ、圧縮コイルばねを押し縮めるように背中をコンパクトに収めてエネルギーを溜め、スピーディーなリフトアップをイメージする。

— 116 —

11 エーカーダシャ
第11ポジション　息を吐く

息を吐く　　　　　　　　息を吐き続ける

12 ドヴァーダシャ
第12ポジション　息を吸う

息を吸う

ジャンプバック
- 肘を曲げ、腕を軸に体をマットの方に倒す。
- 胸を前に突き出し、両脚を後ろに蹴り出す。

四肢の杖のポーズで静止する
- 自信たっぷりにポーズをとれば、瞬時に素晴らしい形が出来上がる。
- 正々堂々と、かつ、献身的な態度で体を下げ、優しく大地にキス！

✵ヴィンヤサ・メタ・ビュー
チャトランガ・ダンダーサナで最も重要視される形は、ポーズ名の由来にもなっているダンダ「杖(棒)」である。上の写真のモデルは、チャトランガ・ダンダーサナを完成させる手前で静止しているが、それは、頭、胴体、骨盤、脚で形成されるラインの整合性を保ちながら、更に上体を下げるための力を蓄えているためだ。
チャトランガ・ダンダーサナで一気に体を下げると、ダンダの完全性を失う可能性がある。故に、最初は肘をあまり曲げずに、3つの主要な体の塊：頭部、胴体、骨盤を揃えることを意識すると良い。適切な位置・姿勢で静止する練習を繰り返すことで、体を傷つけることなく、腕、上半身、体幹が強化できる。更に体を下げて完成形を作るための最善の方法である。

ウルドゥヴァ・ムカ・シュヴァナーサナ（上向きの犬のポーズ）を行う
- 頭を上げる、腕を伸ばす、背骨を反らす、これらを同時に行う。
- 両腕と両脚に力を入れ、背骨の反りに耐え得る力を獲得する。

13 トラヨーダシャ
第13ポジション　息を吐く

息を吐く

14 チャトルダシャ
第14ポジション　息を吸う

息を吐き続ける　　　　　　　息を吸う

お尻を後ろに引き上げ、下向きの犬のポーズを行う

- ポーズに入ったら、尾てい骨から体幹、そして頭部へと走るエネルギー経路を意識して背骨を伸ばす。シュシュムナと呼ばれるその経路は、生命エネルギーの中心軸だ。
- シュシュムナに呼吸を送り込むと、活力が生まれ自身の内側の世界を照らすことができる。

クラウチングで次のアクションの準備をする

- 腰を低くして後ろにしゃがみ、吐く息（アパーナ・ヴァユ）を背骨に沿って骨盤の方へ送り込む。

☀ **ヴィンヤサ・メタ・ビュー**
息を吸って肺を膨らませると、肋骨と胸が広がる。息を吐いて肺をしぼませると、肋骨と胸が縮む。息をするたび、この相反するパターンが表面化する。絶え間なく一定のリズムで繰り返される呼吸を支えているのが体の中心でピストンのように動く横隔膜だ。この偉大なる呼吸のリズムにヴィンヤサの動きを合わせよう。大きな力が引き出せる。アシュタンガ・ヨガのヴィンヤサは、呼吸と同じように拡張と収縮の動きを交互に繰り返すようにデザインされている。ヴィンヤサの動きを呼吸のリズムに乗せると、呼吸の効率が上がり厳かなものになる。

両脚を伸ばしたままジャンプスルーして腰を下ろす

- ダンダーサナを目指して一直線に跳躍する。

Chapter3 プライマリーシリーズのポーズ

| 自然な呼吸→息を吸う | 15 パンチャダシャ
第15ポジション　息を吐く
息を吐く→5〜8回呼吸 | 16 ショーダシャ
第16ポジション　息を吸う
息を吸う |

左足のかかとに座り上体を半分倒してセットアップ・ポジションをとる

- 左足を骨盤の方に引き寄せ、左膝を90度外に曲げる。
- 手の指先でマットを押して腰を上げ、會陰部を左足のかかとの上に乗せる。

伸ばした脚に向けて前屈する

- 背骨を前方に押し出し、顎を右の脛に付ける。
- ポーズに集中し、体の重みを増やして大地に根ざす。
- 身体、呼吸、心の安定「サマーディ」の達成を目指して大地と一体化する。

▶アサナ：ジャーヌ・シールシャーサナB（左側）5〜8回呼吸
▶ドリシュティ：パダヨラグライ（つま先）

セットアップ・ポジションに戻りピタリと止まる

- 頭と胴体を上げ、足に手をしっかりかけたまま静止する。
- 伸ばした脚を地に根ざし、両腕を引き寄せて背骨を伸ばし、背骨の根元から上体を引き上げて、覚醒した生命エネルギーを主軸のエネルギー回路に走らせる。

✻ヴィンヤサ・メタ・ビュー
このセットアップ・ポジションでムーラ・バンダを強く意識する。かかとと骨盤底の接触は、ムーラ・バンダの実践に役立つ。かかとで骨盤底に圧力をかけ、背骨の根元から胴体を引き上げる。シャクティをシュシュムナへ飛ばし、全身に活力を吹き込むことができる。

- 両手を前に伸ばし、右手で左手首を掴んで右足裏にかける。
- 「マハー・ムドラ」の座法をイメージし、セットアップ・ポジションを活性化する。
- 腕に力を入れながら、頭、胸、へそを引き上げる。
- 骨盤底から上体を引き上げる。力強い生命エネルギーをシュシュムナに送り込み、内側の世界（小宇宙）に活力を注ぐ。

17 サプタダシャ
第 17 ポジション　息を吸う

18 アシュタダシャ
第 18 ポジション　息を吐く

息を吐く　　　　　　　　息を吸う　　　　　　　　息を吐く

静止し、リフトアップの準備をする
- 腰を下ろしたまま後傾姿勢をとり、膝を曲げて足をマットから浮かせる。
- 両手を腰の前に置き、両腕を伸ばす。
- 弾け出る直前の圧縮コイルばねのように背中をコンパクトに収め、体の中心を活性化する。
- 瞬時にリフトアップできるよう、リズムを掴もう。

マットを押す力を利用して、体を上げる
- 両手でマットを叩くように強く押し、力いっぱいに胴体を持ち上げて、腰と足をマットから離す。
- 次に両足を素早く体に引き寄せ、上半身を前に倒し始める。

上半身は前方に傾け、下半身は後方に伸ばす
- 肘を曲げて前傾姿勢になり、体をコンパクトにして腕を軸に上体を前傾させて重心を移動する。
- 両脚を伸ばし足先を後ろに蹴り飛ばす。

Chapter3 プライマリーシリーズのポーズ

息を吐き続ける	19 ナヴァダシャ 第19ポジション　息を吸う	20 ヴィムシャティヒ 第20ポジション　息を吐く
	息を吸う	息を吐く

四肢に力を入れ、チャトランガ・ダンダーサナ（四肢で支える杖のポーズ）に入ったら中心軸にエネルギーを送る
- 手足に力を入れてしっかりと静止し、頭、胴、骨盤の3つの部位で構成されるダンダを決め、完璧にポーズをとる。体を釘で固定する。

✿ヴィンヤサ・メタ・ビュー
ハタ・ヨガの熟練者は、この秘密のマントラを唱える。
安定した身体は、安定した心を生む。安定した身体、安定した心！

速やかに上向きの犬のポーズに入り、深く呼吸する
- 頭を上げる、背骨と両腕を伸ばす、脚に力を入れて後方にピンと張る。これらの動作をテンポ良く流れるように行う。
- きちんと止まったところで、垂直に伸びた両腕の真ん中に背骨を正確に位置させる。
- 上級者は、両腕と両脚を上手に連動させて力強い力を生み出して後屈を安定させる。

吐く息のリズムに乗ってアド・ムカ・シュヴァナーサナ（下向きの犬のポーズ）を行う
- 力強くお尻を後ろに引き上げ、足を返して甲を上に向ける。
- 吐く息に合わせて、タイミングよく動く。

フルヴィンヤサ
【21 エーカーヴィムシャティヒ　第21ポジション】
息を吸う アルダ・ウッタナーサナ（半分の立位前屈）
【22 ドゥヴァヴィムシャティヒ　第22ポジション】
息を吐く ウッタナーサナ（激しい前屈ポーズ）
【サマスティティヒ】

ジャーヌ・シールシャーサナ C（頭を膝に付けるポーズ C）

7サプタ
第7ポジション　息を吸う

息を吐く　　　　　　　　　　息を吸う　　　　　　　　　　自然な呼吸→息を吸う

祈るようにクラウチング

- 神から授かった腰を聖地に向けて下げる。天が特別に造ってくれた2本の手で、聖なる大地を押す。
- 唯一無二の背骨を通すように息を吐く。
- 肉体の奥底で絶え間なく起こっている不可思議な出来事を知覚できるように、神から授かった目と耳で内側を観察する。

前方にジャンプしてダンダーサナに入る

- スリリングな速さで前方にジャンプする。躊躇せずに標的を打つ！

右足のかかとの上にお尻を乗せてセットアップ・ポジションをとる

- 右足を骨盤に引きよせ、つま先をマットに付けたまま足の裏を左内ももに押し当てる。

- つま先の上にかかとを垂直に重ね、右膝を45度（斜め前方）に倒す。
- 前屈し、左手で右手首を掴んで左足裏にかける。
- やや右に体重をかけ、右足のつま先でしっかりマットを押す。
- 胸を持ち上げ、両腕を手前に引く。

フルヴィンヤサ

【サマスティティヒ】
【1　エーカム　第1ポジション　息を吸う】ウルドゥヴァ・ハスターサナ（両手を強く上に上げるポーズ）
【2　ドヴェー　第2ポジション　息を吐く】ウッターナーサナ（激しい前屈ポーズ）
【3　トリーニ　第3ポジション　息を吸う】アルダ・ウッターナーサナ（半分の立位前屈）
【4　チャットヴァーリ　第4ポジション　息を吐く】チャトランガ・ダンダーサナ（四肢で支える杖のポーズ）
【5　パンチャ　第5ポジション　息を吸う】ウルドゥヴァ・ムカ・シュヴァナーサナ（上向きの犬のポーズ）
【6　シャット　第6ポジション　息を吐く】アド・ムカ・シュヴァナーサナ（下向きの犬のポーズ）

Chapter3 プライマリーシリーズのポーズ

8 アシュタ
第8ポジション　息を吐く

息を吐く→5〜8回呼吸

9 ナヴァ
第9ポジション　息を吸う

息を吸う

ヴィンヤサ・メタ・ビュー

私たちの体内には生命に不可欠な血液を全身に送り出す循環器と、それらを繋ぐ動脈、静脈、毛細血管、リンパ管のネットワーク（循環器系）がある。同様に、生命エネルギー（プラーナまたはシャクティ）を全身に運ぶためのネットワークもある。それは捉え難い繊細なチャンネルで構成されているが、ヴィンヤサを繰り返すことで、全てのチャンネルから覚醒した力を集めることができる。その流れを整えて、主要なエネルギー経路「シュシュムナ」に導く練習をしよう。『ハタ・ヨーガ・プラディーピカー（Haha Yoga Pradīpikā）』第3章ムドラ（Mudrās）には次のように書かれている。「体内のシャクティを動かすことができるヨギは成功者だと言える。これ以上言うのは無駄であろう。」「彼は余裕を持って死を克服することができる」のだ。

巧みにポーズに入る
- 伸ばした脚に向けてテンポ良く上半身を倒し、額か顎を脛に付ける。
- 肺から息を絞り出し、右足のかかとを腹部を押し当てる。

▶アサナ：ジャーヌ・シールシャーサナ C（右側）5〜8回呼吸
▶ドリシュティ：パダヨラグライ（つま先）

セットアップ・ポジションに戻る
- 左の足裏で両手を握ったまま、胸とへそを上げ、腕を伸ばす。
- その姿勢を維持し、背骨の根本からシャクティを引き上げて全身に巡らせる。

| | 10 ダシャ　第 10 ポジション　息を吸う | 11 エーカーダシャ　第 11 ポジション　息を吐く |

息を吐く　　　　　　　　　息を吸う

静止してアクションの準備をする
- 座ったまま後傾姿勢をとり、膝を曲げて両足を上げる。
- 弾け出る直前の圧縮コイルばねのように体をコンパクトに収めてエネルギーを蓄え、次のアクションを瞬時に起こす準備をする。

✺ ヴィンヤサ・メタ・ビュー
ジャンプバック（スプリング）の前のクラウチングに全身全霊を傾ける！体をコンパクトにし、手足に力を蓄え、肺の空気を巧みに絞り出す。クラウチングとスプリングといった小さな動きにも真剣に取り組もう。努力を積み重ねれば、やがてヨギの大誓願（マハーブラタ＝ヤマ（八支則の一番目）を生涯にわたって実践すること）の準備が整う。

パワフルに両足と腰を上げる
- 両手でマットを強く押して腰を上げる。

頭を前方に傾け、両足を後ろに蹴る
- 肘を曲げ、腕で巧みに上半身をコントロールしながら前傾し、マットに向けて鼻からダイブして脚を後ろに蹴り出す。

息を吐き続ける

四肢の杖のポーズで静止する
- 偉大なる筋力アップのポーズで静止する。
- 頭、胴体、骨盤、脚を棒のように硬く、真っ直ぐに保ち、安定した心を得る。

Chapter3 プライマリーシリーズのポーズ

12 ドヴァーダシャ
第12ポジション　息を吸う

息を吸う

息を吸い切り背骨を反らす
- 空中に円を描くように頭を反らし上向きの犬のポーズに入る。賢明なヨギは鼻でリードをとる。
- 上背部を胸腔内に引き寄せる。
- 脚を完全に伸ばし、お尻と太腿を安定させ、マットすれすれに停止する。

13 トラヨーダシャ
第13ポジション　息を吐く

息を吐く

お尻を後ろに引き上げ、下向きの犬のポーズを行う
- パワーを爆発させて腰を後方に突き出し、足の甲を返して上に向ける。
- 下向きの犬のポーズに入ったら、両手を根付かせ、両腕に力を入れ、肩を安定させる。
- 骨盤を後ろ斜め上に突き出し、体重を脚に移動させ、大腿骨に力を入れる。
- 最終的に手足は動かさずに、背骨を微妙にマット方向と脚の方に近づける。

14 チャトルダシャ
第14ポジション　息を吸う

息を吐き続ける

クラウチングで次のアクション、ジャンプスルーの準備をする
- 尾てい骨を下げ、腰を後ろ方向に落として構える。
- 両手でマットを強く押し、腕を安定させる。
- ダイナミックに姿勢をとり、十分に息を吐き、体内のアパーナ・ヴァユ（強力な収縮力）を目覚めさせる。

✱ ヴィンヤサ・メタ・ビュー
ヨガでは体内を流れる気をプラーナと呼び、それは5種類あると考えられている。その1つ、アパーナ・ヴァユは、体内の下向きと外向きのエネルギーの流れを司る。息を吐く時、アパーナ・ヴァユは収縮する力の源として背骨を下に降りていく。
ヨギは、このエネルギーの恩恵を授かれるよう、巧みにしゃがんで息を吐き、ヨガ道における大きな味方を得ることを目指す。

15 パンチャダシャ
第15ポジション　息を吐く

息を吸う	自然な呼吸→息を吸う	息を吐く→5〜8回呼吸

両脚を伸ばしたまま前にジャンプする

- 前方へ力強く跳躍する。両脚を力強く真っ直ぐに伸ばし、両手の遥か先に着地する。

左足のかかとを骨盤に引き寄せ、つま先を立て前傾姿勢をとる

- 左足を骨盤の方に引き寄せ、つま先を立て、足裏を右の内腿に付ける。

- かかとを足の親指の上に垂直に並べる。左膝を45度に向け、腿に力を入れる。左足のつま先でマットを強く押す。
- 前傾姿勢をとり、両腕を右足の先まで伸ばし右手で左手首を掴む。左側に体を傾ける。
- 体重を前方に移動し脚に重みを加えて固定し、胸を開き、背骨を伸ばして正しくセットアップ・ポジションをとる。

体幹を上へ、外へ、そして前へ伸ばした後、脚に向けて降ろしポーズに入る

- 全身を一斉に活性化して前屈する。
- 脚と背骨を伸ばし、腕を引いて頭を脛のあたりまで下げる。
- 前屈したら、重力に任せて体重を落として行く。
- 腹部をへこませて薄くなった胴体を伸ばした脚に乗せ、左足のかかとを腹部に押し当て、ウディヤナ・バンダを発動させる。

▶アサナ：ジャーヌ・シールシャーサナC（左側）5〜8回呼吸
▶ドリシュティ：パダヨラグライ（つま先）

16 ショーダシャ 第16ポジション　息を吸う	17 サプタダシャ 第17ポジション　息を吸う	18 アシュタダーシャ 第18ポジション　息を吐く
息を吸う	息を吸う	息を吐く

頭を上げ、両手を足裏で足を握ったまま静止して集中する	マットを叩くように押し、体を上げる	コントロールしながら肘を曲げ、足を後ろに引く
- 頭と胸を上げ、両腕を伸ばし、伸ばした方の足の裏で握りを強める。 - 肺をいっぱいに膨らませて静止し、シュシュムナを流れるシャクティが目覚めるようにポーズをとる。	- プラティバー（輝く知性、大胆さ）を表現せよ！両手でマットを押し、落雷のような速さでお尻をマットから離す！ - 上半身を前に倒しながら、足を引き寄せる。	- 肘を曲げ、腕で旋回する。 - 同時に上半身をマットにダイブさせ、足を真っ直ぐ後ろに蹴り出す。

息を吐く

手足をチャージし、リフトアップの準備をする

- 肺から息を吐きながら、以下の動作を連続して行う：
- ●座ったまま後傾姿勢をとる。
- ●膝を曲げて足を上げる。
- ●躊躇なく次のアクションに入るために腕に力を入れる。

	19 ナヴァダシャ 第19ポジション　息を吸う	**20 ヴィムシャティヒ** 第20ポジション　息を吐く
息を吐き続ける	息を吸う	息を吐く

静止して、強く真っ直ぐな杖を体現する

- フォームを完成させるには、体をマットに向かって下げ続けながら動きを止める完璧な瞬間を見定めて、折れない杖の形を作る。
- 全身の動きを止める。重力と抗いマットすれすれの所で体を維持する。「黄金の永遠」を体験しよう。ジャック・ケルアックの言葉を借りれば、「全てはエクスタシーで満ちている。ただ私たちは、無意味な思考のせいで、それに気づいていないだけなのだ。3秒間呼吸を止め、幻想（だと言われる）世界の内側に耳を傾けるのだ....。全てはひとつ。私はそれを黄金の永遠と呼ぶ。完璧なのだ」。

力強く息を吸い込みながら頭を上げ、胸を開く

- バネが伸びるように素早く頭を引き上げ、腕を伸ばしてマットを押し、背骨を両腕の間に位置させる。

両手でマットを押し、お尻を後方に引き上げて下向きの犬のポーズを行う

- お尻を後方に引き上げ愛すべきフォームを作る。
- フォームをとったら数呼吸の間静止する。各骨を目覚めさせ、神経経路にエネルギーを流す。
- 背骨を伸ばし、腹部をグレイハウンド犬の腹のようにへこませる。

フルヴィンヤサ
【21 エーカーヴィムシャティヒ　第21ポジション　息を吸う】アルダ・ウッタナーサナ（半分の立位前屈）
【22 ドゥヴァヴィムシャティヒ　第22ポジション　息を吐く】ウッタナーサナ（激しい前屈ポーズ）
【サマスティティヒ】

マリーチャーサナ A（賢者マリーチのポーズ A）

7 サプタ
第7ポジション　息を吸う

息を吐く　　　　　　　　　息を吸う　　　　　　　　　息を吸い続ける

忍耐強くエネルギーを溜め込む
- カエルのような俊敏さを意識して腰を下げる。
- 両手でしっかりとマットを押し、お尻を後ろに突き出す。
- 前方への力強い跳躍に備え、体内のパワーを集める。

前方にジャンプしてダンダーサナに入る
- 両足を矢のように真っ直ぐ前方に運び、ダンダーサナに入る。

✳︎**ヴィンヤサ・メタ・ビュー**
全力疾走のドラッグレースをイメージしよう。ジャンプの際、ドライバーが車の後方からパラシュートを放って減速するように、腰を安定させて、コントロールしながら足を前に蹴り出そう。

右足を腰の手前に置き、両腕を後ろに回す
- 右足を真っ直ぐ腰の手前まで引き寄せ、前方に体重をかける。と同時に胴体を正面に向け、右の座骨を上げ、右腕を肩関節から内旋させて右脛にかけ、背中へ回す。
- 左腕も肩関節から内旋させ後ろに伸ばし、右手で左手首をキャッチする。両方の手のひらを外側に向ける。
- 中間地点まで前屈し、脚を力強く根ざして骨盤を安定させる。
- セットアップ・ポジションを完全に体現するために、以下の動作を行う：
- ●骨盤よりも脚に体重をかける。
- ●右足で強くマットを押し付ける。
- ●左の太腿に力を入れる。
- ●左脚をできるかぎり長く伸ばす。
- ●両腕で立てた脚をたぐり寄せる。
- ●両腕で脚を絞るように包み、ムドラ（エネルギー封印）を形作る。
- ●頭を上げ、胸を開き、へそを強く引き上げる。
- ●頭から尾てい骨までの背骨をなだらかに伸ばし、次のアクションの準備をする。

フルヴィンヤサ

【サマスティティヒ】
【1 エーカム　第1ポジション　息を吸う】ウルドゥヴァ・ハスターサナ（両手を強く上に上げるポーズ）
【2 ドヴェー　第2ポジション　息を吐く】ウッタナーサナ（激しい前屈ポーズ）
【3 トリーニ　第3ポジション　息を吸う】アルダ・ウッタナーサナ（半分の立位前屈）
【4 チャットヴァーリ　第4ポジション　息を吐く】チャトランガ・ダンダーサナ（四肢で支える杖のポーズ）
【5 パンチャ　第5ポジション　息を吸う】ウルドゥヴァ・ムカ・シュヴァナーサナ（上向きの犬のポーズ）
【6 シャット　第6ポジション　息を吐く】アド・ムカ・シュヴァナーサナ（下向きの犬のポーズ）

8 アシュタ　第8ポジション　息を吐く	9 ナヴァ　第9ポジション　息を吸う	
息を吐く→5〜8回呼吸	息を吸う	息を吐く

膝を立てた方の足でマットを強く押し、伸ばした脚に力を入れて前方に上体を倒す

- 背骨を伸ばしたまま、上体を伸ばした脚に向けて倒す。
- 肋間筋と腹筋を収縮させて肺を空にする。

▶アサナ:マリーチャーサナ A(右側)　5〜8回呼吸
▶ドリシュティ：パダヨラグライ（つま先）

中間地点まで上体を起こし、セットアップ・ポジションを新たに作る

- 膝を立てた脚に巻き付けた両腕を絞りながら頭と胸を上げる。ポーズに隠された神秘のムドラ（エネルギーの封印）をキャッチする。
- ウジャイ呼吸法で肺に空気を送り胸を広げる。

❋ヴィンヤサ・メタ・ビュー
各ポーズの動きの最初と最後に敬意を表する。単調ながらもハタヨガの基本を忠実に行うことで幻影（マヤ）のベールが剥がれ、この世で最高の価値を持つスピリチュアルな次元が目の前に現れる。

思い切りの良いアクションとリフトアップを準備する

- 座ったまま後傾し膝を曲げる。足を上げ、背中を縮めて体をコンパクトにまとめる。
- 一瞬静止してエネルギーを溜め、体内の中心から無限の力を引き出し、ジャンプバックを明確にイメージする。

10 ダシャ 第10ポジション　息を吸う	**11 エーカーダシャ** 第11ポジション　息を吐く	**12 ドヴァーダシャ** 第12ポジション　息を吸う
息を吸う	息を吐く	息を吸う

入念に準備をして上体を上げる
- 速射砲のように素早くマットを押し、奇襲攻撃をかけるかの如く上体を上げる。
- 足を引き寄せ、上体を前傾させる。

頭を前方に倒し、両足を後ろに蹴る
- 肘を曲げ腕で旋回しながら、思い切り両足を後方に蹴り飛ばす。

上向きの犬のポーズに入る
- 両腕を伸ばし、胸を大きく膨らませ、空中に大きく円を描くように頭を上げる。激しい風を受けるヨットの帆をイメージする。

息を吐き続ける

チャトランガ・ダンダーサナに入る
- 素早くポーズをとる。両手でマットを強く押し、腕を引き締める。
- 両脚、骨盤、胴体、頭の位置を一本の水平軸に沿って統合する。
- このヤントラ（魔法の形）の形を2秒間微動だせずに維持できるヨギは、無限の力：タパスが理解できている。

13 トラヨーダシャ
第13ポジション　息を吐く

息を吐く

14 チャトルダシャ
第14ポジション　息を吐く

息を吐き続ける　　　　息を吸い続ける

下向きの犬のポーズを行う
- 肺から息を吐くと同時に腰を後方に引き上げる。1つ1つの動作に最大限の意識を払う。自分の身体と呼吸をコントロールすることに喜びを見出そう。

✻ヴィンヤサ・メタ・ビュー
我々の体内に宿るヨガの5大要素：大地（土）、水、火、空気（風）、宇宙（空間）をそれぞれ認識し、1つ1つを神として崇拝しよう。それは、ヨガの第6支則であるダーラナの定義として記されているが、あまり認知されていない。『Yoga-Taragii』（『ゴーラクシャシャタカ』の注釈書）2.53節には次のようにある。
「心の動きを完全に止め、ヨガの5大要素のそれぞれを区別し保持することを、ダーラナと呼ぶ」

巧みに息を吐く
- どんなに体を動かすことが好きでも、クラウチングを大切にしよう。アクションの前の構えを丁寧に行おう。

息を吸う

前方にジャンプ（スプリング）！
- 背筋を伸ばし、体全体で前方に飛び出す！
- 直接ダンダーサナに入る。

腰を落とし左膝を立て、両腕を背中の後ろに回して両手首を組む
- 片側だけスクワットをするように、左足を左の腰の外側に引き寄せる。
- 体を前に倒し、左の座骨を上げ、両脚に力を入れる。
- 左の脛を包み込むようにして後ろに回し、同じく後ろに回した右手をキャッチする。腕を内旋させ両方の手のひらを外に向ける。
- 中間地点まで体を前傾させて停止。腰には体重をかけない。両脚に重みを加えて固定し、膝を立てた脚に両腕を巻き付ける。
- 背骨を真っ直ぐ伸ばしたまま脚に向けて体を倒す。この動作を丁寧に行おう。上体を倒す前に背骨を最大限伸ばすことで腰が守られ、体が癒される。

Chapter3 プライマリーシリーズのポーズ

15 パンチャダシャ
第15ポジション　息を吐く

息を吐く→5〜8回呼吸

目的地に向かって上体を倒す
- 伸ばした脚に向けて胴体を俊敏に倒す。
- 戦略的かつ自信に満ちた動きで、セットアップ・ポジションから、アサナの最終ポジションへと移行し、アサナの達人になろう。
- 最終ポジションに到達したら、前屈を維持する。左足でマットを押し付け、右の太腿に力を入れて、胴体と頭に体重をかける。

▶アサナ：マリーチャーサナA（左側）5〜8回呼吸
▶ドリシュティ：パダヨラグライ（つま先）

16 ショーダシャ
第16ポジション　息を吸う

息を吸う

セットアップ・ポジションに戻る
- 頭を上げ、中間地点まで上体を起こす。
- ポーズを解く前に、以下の動作で良い緊張を保つ：
● 脚に力を入れて根付かせたままにする。
● 腕を引き締める。
● 腹を引き上げる。
● 胸を開く。
- このセットアップ・ポジションはヨギには欠かせない要素であることを理解する。

✴ **ヴィンヤサ・メタ・ビュー**
マリーチャーサナのポーズ（A,B,C,D）を行う際は、体が後傾しないように脚に体重をかけよう。ロシアの民族舞踊、コサックダンスをイメージすると良い。お尻を浮かしたまま低くしゃがみ、音楽に合わせ器用に脚を蹴り出すあの踊りだ。マリーチャーサナのポーズはどれも、腰を軽くし、脚に力を入れることで、背骨をより前方へ伸ばすことが可能になり、より深い前屈が達成できる。

息を吐く

上体を畳み込みクラウチングの準備をする
- 次の動作を連続して行う：
● 後傾して腰を上げる。
● 膝を曲げる。
● 足を上げる。
● 背骨を縮めて、力強く息を吐く。
● 体を強いバネと化する。

133

17 サプタダシャ
第17ポジション　息を吸う

18 アシュタ―ダシャ
第18ポジション　息を吐く

息を吸う　　　　　　　　　　息を吐く　　　　　　　　　　息を吐き続ける

体を上げる。純粋に押し上げる！
- 両手でマットを強く押し、腰と足を上げる。
- 両足を後ろに蹴り出し、上半身を前傾させる。

☀ **ヴィンヤサ・メタ・ビュー**
ヨギよ、リフトアップの重要性を理解しよう！単調な動きでも真剣に挑戦しよう。体を上げる度に大きな力を呼び起こす。真摯に繰り返すことで、心の中の悪を退治する力が得られるだろう。

肘を曲げ、足を後ろに蹴り出す
- 肘を曲げ、体をコンパクトにして腕で旋回する。腰を落とし、両脚を引き寄せたままの姿勢を維持する。
- 頭を前方に突き出しながら、胸をマットに向けて下げる。
- 脚を真っ直ぐ後ろに蹴り出し、全ての動きを一瞬でしっかりと止める。

静止して、強く真っ直ぐな四肢の杖のポーズを体現する
- 即座にポーズをとる。手足を固定し、軽くても折れないダンダーサナを作る。
- 静止したまま偉大なる大地に敬意を払う。

19 ナヴァダシャ
第19ポジション　息を吸う

息を吸う

20 ヴィムシャティヒ
第20ポジション　息を吐く

息を吐く

上体を起こして背骨を反らす
- 頭を一気に最終ポジションまで振り上げる。同時に腕を真っ直ぐ伸ばし、胸を大きく広げる。
- 両足を根付かせ、太腿に力を入れ、腰からつま先まで脚全体にエネルギーを送り込む。

お尻を後方に引き上げて下向きの犬のポーズを行う
- 息をしっかり吐きながら下向きの犬のポーズを体現する。

❋ **ヴィンヤサ・メタ・ビュー**
動きと呼吸を同期させることを意識し、肺を満たしたり空にしたりする練習をしよう。ヴィンヤサは、プラーナヤマの練習そのものだ。

フルヴィンヤサ
【21 エーカーヴィムシャティヒ　第21ポジション　息を吸う】アルダ・ウッタナーサナ（半分の立位前屈）
【22 ドゥヴァヴィムシャティヒ　第22ポジション　息を吐く】ウッタナーサナ（激しい前屈ポーズ）
【サマスティティヒ】

マリーチャーサナ B（賢者マリーチのポーズ B）

7 サプタ
第7ポジション　息を吸う

息を吐く　　　　　　　　　　**息を吸う**　　　　　　　　　　**息を吸い続ける**

低くしゃがむ
- 全力を結集し、前方への大きな跳躍をイメージする。腰を落とし、脚に力を蓄え、肺から空気を巧みに吐き出すことに喜びを感じよう。

両足を前に蹴り出す
- 全身を一気に前方に押し出す。躊躇なく行動し「つんのめるかもしれない」という恐怖を抹消する。両脚を勢いよく前に蹴り出し、迷うことなくダンダーサナに入る。

左足を半蓮華座にし、右の膝を立て、両腕を後ろに回す
- 半蓮華座の組み方：
●左の太腿を外旋する。
●左の膝を曲げる。
●左足を右の太腿の付け根に乗せる。
- 右足の膝を立てスクワットの形を作る。
- 前方に体重をかけ、右の座骨を上げる。
- 右腕を右の脛に巻き付けて後方に回し、左腕も後ろに回す。
- 右手で左手首をキャッチする。
- 中間地点まで前屈し、静止してセットアップ・ポジションを整える。
- 次の要領で体を活性化する：
●セットアップ・ポジションに敬意を示す。
●膝を立てた方の足でマットを押し付ける。
●半蓮華座にした方の太腿に力を入れる。
●肩を後ろに回して下げる。
●腕を脚にぴったりと巻く。
●背骨を引き上げる。
●胸を開く。
●背骨の根元に宿るエネルギーを目覚めさせる。
●次のアクションに備えてきらめくような準備態勢を作る。

フルヴィンヤサ

【サマスティティヒ】
【1 エーカム　第1ポジション　息を吸う】ウルドヴァ・ハスターサナ（両手を強く上に上げるポーズ）
【2 ドヴェー　第2ポジション　息を吐く】ウッターナーサナ（激しい前屈ポーズ）
【3 トリーニ　第3ポジション　息を吸う】アルダ・ウッターナーサナ（半分の立位前屈）
【4 チャットヴァーリ　第4ポジション　息を吐く】チャトランガ・ダンダーサナ（四肢で支える杖のポーズ）
【5 パンチャ　第5ポジション　息を吸う】ウルドゥヴァ・ムカ・シュヴァナーサナ（上向きの犬のポーズ）
【6 シャット　第6ポジション　息を吐く】アド・ムカ・シュヴァナーサナ（下向きの犬のポーズ）

8 アシュタ
第8ポジション　息を吐く

息を吐く→5〜8回呼吸

前屈をしてポーズに入る
- 頭と胴体を前方に突き出してからマットに下げ、体の中心軸を両脚の間に置く。素早く決断し素早く動く。
- 次の華麗な動作でトランジッションを終了させる：
◉膝を立てた方の足でマットを強く押す。
◉左の太腿に重みを加えて固定する。
◉愛しい大地に向かって低く頭を下げる。

▶アサナ:マリーチャーサナB(右側) 5〜8回呼吸
▶ドリシュティ:ナサグライ（鼻先）

9 ナヴァ
第9ポジション　息を吸う

息を吸う

中間地点まで上体を起こし、セットアップ・ポジションに戻る
- 両脚をマットに根付かせ、脚に巻き付けた腕を更に絞って胸を持ち上げる。一瞬静止して、このポジションで作られる様々なムドラに意識を払い、生命エネルギーが活性するのを実感する。

✺**ヴィンヤサ・メタ・ビュー**
ムドラとは手、顔、体で特定の形を作ることで、心身の健康や精神的な覚醒を促すこと。バンダもその1つで、ウディヤナ・バンダは誰もが知るムドラだが、非常に重要でありながらあまり知られていないムドラも数多くある。マリーチャーサナBとDで言えば半蓮華座を組む脚の形、膝を立てた脚に巻き付けた腕、両手を背中に回して背骨を縛るジェスチャーなどがその例である。これらはみな、体内のエネルギーを封印する優れた方法だ。これらの基本的な動作を体内を循環する生命エネルギーの活用の機会だとして積極的に捉えよう。アサナを力強く表現できるだけでなく、サマーディの達成を手助けし、その自らの体験によって更に多くの知識が引き出せる。

息を吐く

クラウチングで体内の中心を活性化する
- 後傾姿勢をとって膝を曲げる。足を上げ、両手を腰の前でマットにつき、上体をコンパクトにする。

10 ダシャ 第10ポジション　息を吸う	11 エーカーダシャ 第11ポジション　息を吐く	12 ドヴァーダシャ 第12ポジション　息を吸う
息を吸う	息を吐く	息を吸う

上体を上げる
- 両手でマットを叩くように押し、腰と足を上げる。
- 上半身を前傾させながら足を後ろに蹴り出す。

上半身を前に倒し、下半身を後ろに突き出す
- 肘を曲げ、腕を軸に上半身をマットに向けて倒す。
- 上の動作をリズミカルに行う間、両脚は胴体の下に引き寄せ浮かす。

息を吐き続ける

ジャンプバックしてチャトランガ・ダンダーサナに入る
- ジャンプバックで着地したら、即、彫像のようなポーズをとり、完璧な静寂を享受する。

頭を上げ、上体を起こして胸を開く
- この移行を力強く行うには、危険に立ち向かうコブラのようにマットから体を起こす。
- 頭と背骨を意識的に引き上げる。
- 両腕を力強く真っ直ぐ伸ばす。
- 上背部を圧縮コイルばねと化し、胸を大きく広げる。
- 大地に吸い込まれるように両脚に力を入れて固定する。

＊ヴィンヤサ・メタ・ビュー
シンプルな体勢を巧みな動きで神聖なヤントラに変え、創造性のシンボルである蛇に敬意を表そう。蛇は、この世界で体現される全ての形が円を描く動作と螺旋パターンで紡ぎ出されていることを思い出させてくれる。

Chapter3 プライマリーシリーズのポーズ

13 トラヨーダシャ
第13ポジション　息を吐く

息を吐く

14 チャトルダシャ
第14ポジション　息を吸う

息を吐き続ける

息を吸い続ける

下向きの犬のポーズを行う
- このトランジションをリズミカルに行い、勢いよく腰を後ろに突き出す。一回の動作で下向きの犬のポーズを取れるだけの力を蓄える。
- 自然な力強さでポーズをとり、骨格を微調整する。

クラウチング
- ダンダーサナを目指して肺を空っぽにし、自身の体をフルに活性化し、動物の戯れをイメージしながら高揚感を持ってしゃがむ。

息を吸う

思い切り前方にジャンプする
- 跳躍に完全にコミットする。パワーを爆発させて両手の先に脚を蹴り出す。

セットアップ・ポジションを素早くとる
- 半蓮華座を組むには：
● 右腿を外旋する。
● 右膝を曲げる。
● 右足を左の腿の付け根に引き寄せる。
- 右脚で半蓮華座を組み、左足を左の腰の手前に引き寄せる。スクワットの姿勢で左の座骨を上げる。
- 左腕を左の脛に巻き付けて後方に回し、右腕も後ろに回す。
- 左手で右手首をキャッチし、両方の手のひらを外に向ける。
- 前に上体を倒し中間地点でピタリと静止する。次の動作で背骨の根本に眠る微細なエネルギー（シャクティ）を目覚めさせる。両脚を根付かせ、立てた脚と両腕を引き締めて頭を上げ、尾てい骨から頭まで真っ直ぐ伸ばす。

— 139 —

15 パンチャダシャ
第15ポジション　息を吐く

息を吐く→5～8回呼吸

メリハリよく上体を前に倒す
- 胴体を沈めながら、肺から空気を吐き出す。
- 前方に向かって上体を伸ばした後、マットに向かって上体を解放する。この相反する動作を同時に行うことで、前屈を完成させる。

▶アサナ：マリーチャーサナB(左側)　5～8回呼吸
▶ドリシュティ：ナサグライ（鼻先）

16 ショーダシャ
第16ポジション　息を吸う

息を吸う

新たにセットアップ・ポジションをとり、息を吸い込む
- 頭と胸を上げ中間地点で止める。腕に力を入れ、脚を根付かせる。口蓋を一気に空にし、体を知性の光で満たす。

●**ヴィンヤサ・メタ・ビュー**
生徒：口蓋を空にするとはどういう意味ですか。
先生：探求しなさい！

息を吐く

クラウチングで次のアクションの準備をする
- 座ったまま後傾姿勢をとる。膝を曲げて足を上げ、背中を丸める。
- 肺の空気を上手に吐き、体幹を活性させ力強いリフトアップの準備をする。

17 サプタダシャ
第17ポジション　息を吸う

息を吸う

体を押し上げる
- 両手でマットを強く押す（ワン）。腰と足を上げる（ツー）。このワンツーパンチで潔く体を押し上げる。
- すぐに両足を引き寄せ後、頭と胸を前に倒し始める。

18 アシュタダーシャ 第18ポジション　息を吐く	19 ナヴァダシャ 第19ポジション　息を吸う	20 ヴィムシャティヒ 第20ポジション　息を吐く
息を吐く	息を吸う	息を吐く

前傾姿勢になり後ろに両脚を蹴り出す

- 肘を曲げ、前傾姿勢をとり、両脚を胴体に引き寄せ浮かせたまま両腕を軸に旋回する。
- 両足を後ろに蹴り出し、頭と胸をマットに下げながら両脚を真っ直ぐにする。

胸を開き両脚を後ろに伸ばして根付かせる

- タイミングを見計らい勢いに乗って腕を真っ直ぐ伸ばし、背骨で力強くアーチを描く。
- 背骨を前方に突き出す力に対抗するように、両脚を後ろに伸ばす。

素早く逆「V字」を作る

- 腰を大胆に後ろに突き出す。動きをコントロールし、下向きの犬のポーズへの移行に全身を使う。
- 抑制心を除去し、思い切り動く。自分の力を信じよう。

☀ **ヴィンヤサ・メタ・ビュー**
ヴィンヤサは、自分自身の動きを研究する実験室だとも言える。大胆なリスクを冒すことを学ぶことも含まれる。瞬発力、力強さ、確実性をトランジションに組み入れることは、自分自身を信頼するために、また、力の行使には技術、知性、優しさが必要だということを学ぶためにも重要である。

息を吐き続ける

チャトランガに入り動きを止める
- 頭、胴体、骨盤、脚で完全に真っ直ぐな一本のヤントラ・ラインを体現して最終ポジションを決める。

フルヴィンヤサ
【21 エーカーヴィムシャティヒ　第21ポジション　息を吸う】アルダ・ウッタナーサナ（半分の立位前屈）
【22 ドゥヴァヴィムシャティヒ　第22ポジション　息を吐く】ウッタナーサナ（激しい前屈ポーズ）
【サマスティティヒ】

🪷 マリーチャーサナ C（賢者マリーチのポーズ C）

7 サプタ
第7ポジション　息を吸う

息を吐く　　　　　　　　　息を吸う　　　　　　　　　5〜8回呼吸

腰を下げてクラウチング
- 腰を落とし、両手でしっかりとマットを押し、腕に力を入れ、脚に力を蓄える。
- 大きな跳躍をイメージする。

両脚を腕より先に蹴り出す
- 勢いよく前に跳ぶ。
- 弓から放たれた矢が真っ直ぐ的に向かうように、脚を腕の先に突き出しダンダーサナに入る。

右膝を立て、かかとを右の坐骨に引き寄せ、上体を捻り、両手を組む
- ダンダーサナから右膝を立てかかとを右の坐骨に引き寄せ、上体を左に傾けて、右の腰を少し上げる。
- 骨盤よりも脚に体重をかける。
- 膝を立てた足で強くマットを押し、伸ばした脚を固定し、背骨を引き上げて上体を右に捻る。
- 左腕を右膝に巻き付けて後ろに回し、右腕も後ろに回して左手首を掴む。
- 手足を根付かせ、胴体を背骨の付け根から頭の天辺まで、上に向けて均等に捻る。

▶アサナ：マリーチャーサナ C（右側）5〜8回呼吸
▶ドリシュティ：パールシュヴァ（右側）

フルヴィンヤサ
【サマスティティヒ】
【1 エーカム　第1ポジション　息を吸う】ウルドヴァ・ハスターサナ（両手を強く上に上げるポーズ）
【2 ドヴェー　第2ポジション　息を吐く】ウッタナーサナ（激しい前屈ポーズ）
【3 トリーニ　第3ポジション　息を吸う】アルダ・ウッタナーサナ（半分の立位前屈）
【4 チャットヴァーリ　第4ポジション　息を吐く】チャトランガ・ダンダーサナ（四肢で支える杖のポーズ）
【5 パンチャ　第5ポジション　息を吸う】ウルドゥヴァ・ムカ・シュヴァナーサナ（上向きの犬のポーズ）
【6 シャット　第6ポジション　息を吐く】アド・ムカ・シュヴァナーサナ（下向きの犬のポーズ）

Chapter3 プライマリーシリーズのポーズ

8 アシュタ
第8ポジション　息を吐く

息を吐く　　　　　　　　　息を吸う

9 ナヴァ
第9ポジション　息を吐く

息を吐く

正面を向き、体をコンパクトに収めて体幹を活性する
- 捻りを解き、正面を向き、クラウチングに入る。
- 後傾姿勢をとり、膝を曲げて両足をマットから浮かす。
- 背中を少し丸め、両手を腰の前でマットに付ける。
- 肺の空気を力強く吐き出し、次の跳躍に備えてエネルギーを溜める。

力を込めてマットを押し体を上げる
- 両手でマットを叩き付けるように押し、骨盤と足を上げる。
- 両足を体に引き寄せ、上体を前に倒す。

上体を思い切り前に倒してジャンプバック
- 肘を曲げ、両腕を軸に回旋する。足をマットから離して後ろに蹴り出し、頭と胸をマットに沈めてチャトランガ・ダンダーサナに入る。

息を吐き続ける

四肢で支える杖のポーズを決める
- ポーズに入ったらピタリと止まり、1〜2秒間静止。
- ヨガ通なら、四肢で支える杖のポーズが強さを引き出すことを理解している。

| 10 ダシャ
第10ポジション　息を吸う | 11 エーカーダシャ
第11ポジション　息を吐く | 12 ドヴァーダシャ
第12ポジション　息を吸う |

息を吸う　　　　　　　　　　　息を吐く　　　　　　　　　　　息を吐き続ける

テンポよく上向きの犬のポーズに移行する
- 完璧な円を描くように頭を上げる。
- スローモーションでベンチプレスを押仕上げるように、力強く腕を真っ直ぐに伸ばす。
- 胸を開き、脚に驚異的なパワーを注ぎ込んで動きを止める。

下向きの犬のポーズに入る
- 最初から最後まで同じスピードを保ちながら腰を後ろに引き上げる。
- 最終ポジションでピタリと止まる。

クラウチングで次のアクションに備える
- 膝を曲げて腰を落とし、脚に力を蓄える。

息を吸う

脚を伸ばしてジャンプスルーし、腰を下ろす
- 足でリードして前方に跳躍する。脚を完全に伸ばす。鷲がつま先を立てて着地するのをイメージすると良い。
- 跳躍の際、腰を安定させる。鷲が獲物を捕えようと翼を広げながら速度を落として降下するイメージで行う。

Chapter3 プライマリーシリーズのポーズ

5～8回呼吸	**13 トラヨーダシャ** 第13ポジション　息を吐く	**14 チャトルダシャ** 第14ポジション　息を吐く
	息を吐く	息を吐く

両脚を根付かせ、背骨を捻り、両手を組む

- 左膝を立ててかかとを左の坐骨引き寄せ、右に体を傾け、左の坐骨をマットから浮かす。
- 体重を前方にかける（骨盤にはかけない）。膝を立てた足に重みを加えて固定し、伸ばした脚にも重みを加えマットに沈ませる。
- 胴体を上げ左に捻る。
- 右腕を左膝の外側に巻き付ける。左腕を伸ばして背中に回し、右手首をキャッチ。両方の手のひらを外に向ける。
- 足に巻き付けた両腕を絞って胸を上げ、捻りを深める。
- 視線を横に向けて静かに佇む。
- ポーズを楽しむ！

▶アサナ：マリーチャーサナC（左側）5～8回呼吸
▶ドリシュティ：パールシュヴァ（左側）

正面を向き、しゃがんで構える

- 捻りを解いて正面を向く。両膝を曲げ、両足を上げ、両手を腰の前につき、背中を若干丸める。
- 矢を放つ前に弓を引いて狙いを定めるイメージで、エネルギーを溜め込み、最終地点を意識して次のアクションに備える。

息を吸う

瞬発力を効かせて体を上げる

- 両手でマットを叩くように押し、腰と足を勢いよく上げる。
- 両足を引き寄せ、頭と胸をマットに向けて倒し始める。

肘を曲げ前傾して、足を後ろに送る

- 肘を曲げ、腕を軸に体を前に倒す。両足をマットから浮かせ、両腕の間を通して後ろに蹴り出す。
- 頭と胸をマットに大胆に下げ、脚を伸ばす。

息を吐き続ける

四肢で支える杖のポーズに入る

- 最終ポジションに入ったら体をコントロールする。頭、胴体、骨盤、脚が水平に揃ったら即全ての動きを止める。
- 純粋なヤントラの一本線を作るよう、体に指令を出す。
- 一瞬でも完璧な静寂さを体現できる者だけが知る壮大な眺めを楽しむ！

145

15 パンチャダシャ 第15ポジション　息を吸う	**16 ショーダシャ** 第16ポジション　息を吐く
息を吸う	息を吐く

戦略的に背骨を反らす
- 最終ポジションまで円を描くように頭を上げ、背骨を反らし、腕を真っ直ぐ伸ばし、脚を強固に根付かせる。この動作を矢継ぎ早に繰り返せば、難しいトランジションのコツが掴めるはずだ。

下向きの犬のポーズに入る
- 腰を後ろに突き出しながら、肺から空気を吐き出す。この動きにメリハリをつけ、閃光のようにポーズを決める。

フルヴィンヤサ
【17 サプタダシャ 第17ポジション　息を吸う】アルダ・ウッタナーサナ（半分の立位前屈）
【18 アシュタ―ダシャ 第18ポジション　息を吐く】ウッタナーサナ（激しい前屈ポーズ）
【サマスティティヒ】

マリーチャーサナ D（賢者マリーチのポーズ D）

7 サプタ
第7ポジション　息を吸う

息を吐く	息を吸う	5〜8回呼吸

パチンコのゴムを引くように腰を後方に引いてしゃがむ
- リズミカルに膝を曲げ、低くしゃがむ。
- 肺の空気を押し出し、体の中心を活性化し、前方への跳躍に備える。

動きにメリハリをつけ、足で体をリードして前にジャンプ
- パチンコから弾じき出される小石のように両足を前に蹴り出し両手の先へ運ぶ。

右膝を立て、かかとを右の坐骨に引き寄せ、上体を右に捻る
- 半蓮華座の組み方：
  - ◉ 左腿を外旋する。
  - ◉ 左膝を曲げる。
  - ◉ 左足を右ももの付け根に当てる。
- 右膝を立て右の骨盤の前に引き寄せ、前方に体重をかける。右の座骨を浮かせ、足に体重を乗せてマットを踏みしめる。
- 右を向き、左腕を右膝に巻き付け、背中に回して右手首をキャッチする。
- 胴体を右に捻り、背骨の根本から口蓋までを一本の軸に見立てて捻る。
- 円を描くように体を捻って横を見る。

▶ アサナ：マリーチャーサナ D（右側）5〜8回呼吸
▶ ドリシュティ：パールシュヴァ（右側）

フルヴィンヤサ

【サマスティティヒ】
【1 エーカム　第1ポジション　息を吸う】ウルドヴァ・ハスターサナ（両手を強く上に上げるポーズ）
【2 ドヴェー　第2ポジション　息を吐く】ウッタナーサナ（激しい前屈ポーズ）
【3 トリーニ　第3ポジション　息を吸う】アルダ・ウッタナーサナ（半分の立位前屈）
【4 チャットヴァーリ　第4ポジション　息を吐く】チャトランガ・ダンダーサナ（四肢で支える杖のポーズ）
【5 パンチャ　第5ポジション　息を吸う】ウルドゥヴァ・ムカ・シュヴァナーサナ（上向きの犬のポーズ）
【6 シャット　第6ポジション　息を吐く】アド・ムカ・シュヴァナーサナ（下向きの犬のポーズ）

8 アシュタ 第8ポジション　息を吐く	9 ナヴァ 第9ポジション　息を吐く	10 ダシャ 第10ポジション　息を吸う
息を吐く	息を吐く	息を吸う

正面を向き、半蓮華座を解き、クラウチングに入る
- 脚を解き、正面を向き、クランチングの姿勢をとる。コイル状のバネのように体をコンパクトにする。
- 腕に力を込め、上体を上げる準備をする。

体を前に傾け両脚を後ろに蹴り出す
- 前傾姿勢を保ったまま、肘を曲げ、腕を軸にコンパクトに丸めた体を旋回する。
- 胸を前方に突き出し、脚を後ろに蹴り、体をコントロールしながら姿勢を低くする。

円を描くように頭を上げて上向きの犬のポーズに移行する
- 呼吸と動きを同期させる。上向きの犬のポーズに入る時、中間、最後の呼吸のし方は次の通り：
- ポーズに入る時に息を吸い始める。
- 息を吸い続けながら頭で空中に円を描く。
- 動きの最後、体勢を整えた時点で息を吸い終える。

息を吸う	息を吐き続ける	

マットを強く押して体を上げる
- 両手でマットを叩くように押し、腰と足を上げる。
- 両足を引き寄せ、頭と胸を前方に傾ける。

最終ポジションでピタリと止まる
- 動きを瞬時にピタリと止めることを目標に努力する。全ての動きを止めて静止する超能力「ニローダ・シッディ」を手に入れよう。

Chapter3 プライマリーシリーズのポーズ

11 エーカーダシャ
第11ポジション　息を吐く

12 ドヴァーダシャ
第12ポジション　息を吸う

息を吐く　　　　　　　　息を吐き続ける　　　　　　5〜8回呼吸

下向きの犬のポーズに入る
- スピーディーに腰を後ろに引き上げ、逆Ｖの字を作る。
- しばしの静止の間、手足を安定させ、長く深い呼吸を行い、内側に目を向け「観察者」としての自身の本質を見つける。

クラウチングで次のアクションに備える
- カエルの跳躍力をイメージして低く構え、肺を空っぽにし、集中力を深めて次のアクションに備える。

息を吸う

脚を前方に蹴り出す
- 電光石火のスピードで脚を前に蹴り出す。

右足で半蓮華座を組み体を左に捻る
- 右の太腿を外旋し、右足を左腿の付け根に当てて半蓮華座を組む。
- 左の膝を立て左足を骨盤の手前に引き寄せて座骨を持ち上げる。前方に体重をかけ、両脚に力を入れる。
- 胴体を引き上げ、背骨を左に捻る。右腕を左膝に巻き付けて背中に回し左手首をとらえる。
- 背骨を捻る動きは、内臓器官を浄化し、全身を走るエネルギー経路を目覚めさせる。

● ヴィンヤサ・メタ・ビュー
「捻りは浄化を促す！」体を捻る時はいつでもこの言葉を唱えよう。背骨を巧みに捻るには、骨盤の付け根から頭頂までを一本の軸に見立てて下から上に回転させると良い。内臓をやさしく圧迫して消化器系の働きを刺激する。

▶ アサナ：マリーチャーサナＤ(左側)　5〜8回呼吸
▶ ドリシュティ：パールシュヴァ(左側)

— 149 —

13 トラヨーダシャ
第 13 ポジション　息を吐く

息を吐く

正面を向き、手足をチャージし、体の中心を活性化する
- 捻りを解き、体をコイルばねのように丸め、腕と脚に力を入れる。
- アクション前のエネルギー蓄積に専念する。

息を吸う

瞬発力を効かせて体を上げる
- 正確なタイミングで両手でマットを叩くように押し、腰と足を上げる。
- 両足を体に引き寄せ、上半身を前傾させながら、足を宙に浮かせたまま体制を維持する。

14 チャトルダシャ
第 14 ポジション　息を吐く

息を吐く

肘を曲げ前傾して、両足を後方に蹴り出す
- 肘を曲げ、力を入れた腕を軸に体を前に倒す。
- コンパクトに丸めた体を旋回させつつ、胸を前に傾け、脚を後ろに蹴りやり、低い姿勢でポーズを決める。

息を吐き続ける

トランジッションにも静止姿勢にも同様に意識を払い、フォームを決める
- 頭、胴体、骨盤、脚が強く折れない棒になる瞬間に、全ての動きを止めるよう最大限の意識を払う。

15 パンチャダシャ
第15ポジション　息を吸う

息を吸う

16 ショーダシャ
第16ポジション　息を吐く

息を吐く

背骨を引き上げる
- 脚を頑強に根付かせながら両手でマットを強く押して腕を真っ直ぐ伸ばし、胸全体を大きく開く。
- 上向きの犬のポーズへの移行もポーズそのものも大いに楽しむ。

腰を後方に引き上げ下向きの犬のポーズに入る
- 上向きの犬のポーズから下向きの犬のポーズへの移行は、躊躇なく中断もせず腰を高く引き上げ、後方に突き出す。
- テンポよく動き、必要最小限の動きでポーズに入る。腕と脚は最初から最後まで完全に伸ばしたままにする。
- 長く力強い四肢は動きにパワーを与えることができる。

❋ **ヴィンヤサ・メタ・ビュー**
移行の最終ポジションを別名ニローダハ（静止）と呼ぶ。

フルヴィンヤサ
【17 サプタダシャ 第17ポジション　息を吸う】アルダ・ウッタナーサナ（半分の立位前屈）
【18 アシュターダシャ 第18ポジション　息を吐く】ウッタナーサナ（激しい前屈ポーズ）
【サマスティティヒ】

ナヴァーサナ（舟のポーズ）

7 サプタ
第7ポジション　息を吸う

| 息を吐く | 息を吸う | 5〜8回呼吸 |

クラウチングでエネルギーを溜め込み次のアクションに備える
- 膝を曲げ、腰を後ろに引いて低く構える。
- 力を蓄え、次のポジションに狙いを定める。

前方に跳躍してナヴァーサナに入る
- 前方に跳躍し、脚を目標の位置まで上げてナヴァーサナに入る。

お尻を付けて上体を後ろに傾け、脚と腕を伸ばす
- 速やかに上半身を後ろに傾け、両足を目の高さまで上げ両脚を完全に伸ばす。
- 肩から手の指先までを前方に真っ直ぐ伸ばす。
- 足を蹴り出し、脚を強く前方に伸ばす。
- 脚に伝わる前方への推進力を利用し、尾てい骨を浮かし、左右の座骨でバランスをとる。

▶アサナ：ナヴァーサナ　5〜8＋回呼吸
▶ドリシュティ：パダヨラグライ（つま先）

フルヴィンヤサ
【サマスティティヒ】【1　エーカム　第1ポジション　息を吸う】ウルドゥヴァ・ハスターサナ（両手を強く上に上げるポーズ）
【2 ドヴェー　第2ポジション　息を吐く】ウッタナーサナ（激しい前屈ポーズ）
【3 トリーニ　第3ポジション　息を吸う】アルダ・ウッタナーサナ（半分の立位前屈）
【4 チャットヴァーリ　第4ポジション　息を吐く】チャトランガ・ダンダーサナ（四肢で支える杖のポーズ）
【5 パンチャ　第5ポジション　息を吸う】ウルドゥヴァ・ムカ・シュヴァナーサナ（上向きの犬のポーズ）
【6 シャット　第6ポジション　息を吐く】アド・ムカ・シュヴァナーサナ（下向きの犬のポーズ）

Chapter3 プライマリーシリーズのポーズ

息を吐く	8 アシュタ 第8ポジション　息を吸う 息を吸う	7 サプタ 第7ポジション　息を吸う 自然な呼吸→5～8回呼吸

体をコンパクトに収め、力を集める

- 膝を曲げ、足首を交差させる。両手を腰の前でマットに付ける。一瞬静止して上体を上げるためのエネルギーを蓄える。

両手をマットに付け、腕に力を入れて、速やかに上体を上げる

- 両手でマットを押して、素早く腰を上げる。

ナヴァーサナに戻る（再びポーズに入る）

- お尻をマットに下ろし、もう一度ナヴァーサナに入る。
- このポーズを合計5回以上繰り返す。1回ごとに腰を上げる。

☀ ヴィンヤサ・メタ・ビュー
ナヴァーサナは地味で嫌われやすいポーズだが、腹筋強化にはうってつけだ。その重要性は、強調してもし過ぎることはない！ナヴァーサナ万歳！

▶ アサナ：ナヴァーサナ　5～8＋回呼吸
▶ ドリシュティ：パダヨラグライ（つま先）

息を吐く	8 アシュタ 第8ポジション　息を吸う	9 ナヴァ 第9ポジション　息を吐く
息を吐く	息を吸う	息を吐く

足首を交差させ、四肢に力を溜め込む
- 最低5回ポーズを行ったら、体を丸めてクラウチングの姿勢をとり、ジャンプバックに備える。
- 両手を腰の前でマットに付け、エネルギーを溜める。

スムーズに上体を上げる
- 両手でマットを押し、足と膝を素早く上げる。

ジャンプバック
- 前傾姿勢になり、肘を曲げて腕を軸に旋回する。頭と胸をマットに下げ、脚を後ろに蹴り出す。

息を吐き続ける

四肢で支える杖のポーズに入る
- 明確に定めた位置で、全ての動きを瞬時に止める。
- 一瞬の静止の間、腕と脚に力を入れ、お尻と腹筋を引き締める。体の中心を取り囲む「ビッグ4」と呼ばれる筋肉群（大腿四頭筋、ハムストリングス、大臀筋、腹筋）を活性化する。
- 体を安定させ、エネルギーを集結することで体と意志が強化される。

10 ダシャ
第10ポジション 息を吸う
息を吸う

11 エーカーダシャ
第11ポジション 息を吐く
息を吐く

上向きの犬のポーズに移行する
- テンポよく上向きの犬のポーズに入る。
- 大きく弧を描くように頭を上げる。
- 背骨の付け根から引き上げ、胸を開く。

下向きの犬のポーズに入る
- 肺から空気を全部吐き出しつつ腰を後ろに引き上げる。力強く下向きの犬のポーズに入る。

フルヴィンヤサ

【12 ドヴァーダシャ 第12ポジション 息を吸う】アルダ・ウッタナーサナ（半分の立位前屈）
【13 トラヨーダシャ 第13ポジション 息を吐く】ウッタナーサナ（激しい前屈ポーズ）
【サマスティティヒ】

🪷 ブジャピダーサナ（肩を圧すポーズ）

7 サプタ
第7ポジション　息を吸う

息を吐く

8 アシュタ
第8ポジション　息を吐く

息を吸う

息を吐く→5〜8回呼吸

低くしゃがみ、力を蓄える
- 腕に力を入れ、膝を曲げ、腰を落とし、脚にエネルギーを溜める。

フルヴィンヤサ
【サマスティティヒ】
【1 エーカム 第1ポジション 息を吸う】ウルドゥヴァ・ハスターサナ（両手を強く上に上げるポーズ）
【2 ドヴェー 第2ポジション 息を吐く】ウッタナーサナ（激しい前屈ポーズ）
【3 トリーニ 第3ポジション 息を吸う】アルダ・ウッタナーサナ（半分の立位前屈）
【4 チャットヴァーリ 第4ポジション 息を吐く】チャトランガ・ダンダーサナ（四肢で支える杖のポーズ）
【5 パンチャ 第5ポジション 息を吸う】ウルドゥヴァ・ムカ・シュヴァナーサナ（上向きの犬のポーズ）
【6 シャット 第6ポジション 息を吐く】アド・ムカ・シュヴァナーサナ（下向きの犬のポーズ）

前に跳躍し両足を腕の上に乗せてバランスをとり、セットアップ・ポジションをとる
- 力強く跳躍し腕の上に太腿を乗せ、両脚を腕に巻き付ける。
- 足を反転させて足首を交差させる。
- バランスが崩れそうになるギリギリの真っ直ぐの位置で背骨を伸ばし、次の動作で全身を躍動させる:
⬤ 手でマットを強く押す。
⬤ 腕を伸ばして力を入れる。
⬤ 腰に重みを加えて両足を上げる。
⬤ 両脚で両腕をぎゅっと締め、足首を交差して互いをピタリと付ける。

● **ヴィンヤサ・メタ・ビュー**
ダウンドッグからセットアップの体勢に入る別の手段として、ジャンプして両足を両手の外側に運んでから、脚を上げて足を交差しても良い。

5〜8回呼吸　腕で体重を支えながら上体を前に倒す
- 筋トレのベンチプレスを行う要領で肘を曲げ、重心を後ろにずらし、腕に体重を乗せる。
- 下りる時は、足首を交差させたままつま先を伸ばし、足を体の真下に引き寄せる。
- コントロールしながら、顎か頭をマットに付ける。
- 顎か頭がマットについたら、腕の力とバランス感覚を頼りに姿勢を安定させる。
- 過度な前傾姿勢を避ける。かつ頭に体重がかかり過ぎないようにする。

▶ アサナ:ブジャピダーサナ 5〜8＋回呼吸
▶ ドリシュティ:ナサグライ（鼻先）

Chapter3 プライマリーシリーズのポーズ

9 ナヴァ
第9ポジション　息を吸う

息を吸う　　　　　　　息を吸い続ける→息を吐く

10 ダシャ
第10ポジション　息を吸う

息を吸う

足首を交差させたまま、セットアップの位置まで上体を上げる
- 両手で力強くマットを押し、頭をマットから振り上げ、両腕を真っ直ぐ伸ばす。
- 足首を交差させたまま引き上げ、両脚で両腕を締めてセットアップ・ポジションを新たに作る。
- 賢明なヨギは、このセットアップ・ポジションを希少な瞑想の機会だと認識している。故にこのポジションを重んじ、落ち着いてバランスをとる練習を何度も重ねて強くなる。

両脚を前に蹴り出して伸ばす
- 足首を解き、腰を沈め、両脚を前方に力強く伸ばし、ティティバーサナ（ホタルのポーズ）に入る。
- 自信たっぷりに腕でバランスをとって静止し、次のアクションの準備をする。

足を後ろに振り、腕でバランスをとる
- 素早く膝を曲げ、足首、脛を振り上げて、バカーサナ（カラスのポーズ）に入る。
- 両手でマットを押し込み、腕を根付かせて、足首、脛、太腿を体の方に引き寄せる。
- 上背部をドーム状にし、尾てい骨を下ろし、ジャンプバックに備える。

11 エーカーダシャ 第11ポジション　息を吐く	12 ドヴァーダシャ 第12ポジション　息を吸う	13 トラヨーダシャ 第13ポジション　息を吐く
息を吐く	息を吸う	息を吐く

ジャンプバック
- 胸は前方に出したまま、肘を曲げ、足を軽快に後ろに蹴り出してバカーサナを解く。

息を吐き続ける

最小限の動きで上向きの犬のポーズに入る
- 頭を起こし、背骨を反らし、腕を真っ直ぐ伸ばし、胸を開き、両脚に重みを加えて固定する。

腰を後方に引き上げて下向きの犬のポーズに入る
- 両手でマットを強く押し、腰を後方に引き上げ、肺を空っぽにし、速やかに下向きの犬のポーズに移行する。
- 一瞬静止して、下向きの犬のポーズを完成させる。
- 呼気と吸気を体の中心軸に沿って上下に走らせる。肺を空にする時は腹をへこませ、肺を満たす時は口蓋を広げる。

●ヴィンヤサ・メタ・ビュー
呼吸のたびに息を体の中心軸の端まで送る。脊柱に沿ったエネルギーの流れを視覚化することで、思考を停止させ、ヨガの状態に入ることができる。ヨガとは個々の自己と普遍的な自己との結合である。

四肢で支える杖のポーズで静止する
- 四肢で支える杖のポーズに入ったら正確な姿勢で静止し、水平になった体を微調整する：
●腕に力を入れ、胸を上げる。
●尾てい骨を下ろし、へそを引き上げる。
●脚を完全に伸ばし、マットを踏みしめる。
- チャトランガのポーズに輝きを与えて、栄光に浸る！

フルヴィンヤサ

【14 チャトルダシャ　第14ポジション　息を吸う】アルダ・ウッタナーサナ（半分の立位前屈）
【15 パンチャダシャ　第15ポジション　息を吐く】ウッタナーサナ（激しい前屈ポーズ）
【サマスティティヒ】

クルマーサナ（亀のポーズ）・スプタ・クルマーサナ（眠る亀のポーズ）

7 サプタ
第7ポジション　息を吸う

息を吐く　　　　　　　　　息を吸う　　　　　　　　　息を吐く→5〜8回呼吸

クラウチング
- 腰を深く下ろし、心も沈める。
- 力強いジャンプを準備をする。

勢いよく前にジャンプして両脚を両腕に乗せる
- クラウチングの姿勢から思い切り足を蹴り出し、脚を上腕に乗せ前方に伸ばす。

✺**ヴィンヤサ・メタ・ビュー**
クラウチング（構え）からセットアップ・ポジション（ティティバーサナ）に入る別のやり方：小さくジャンプして両手の外側に両足を置いてから、両脚を上げて前方に伸ばしても良い。

肘を曲げて体をマットに付ける
- ブレーキを効かせながら肘を曲げて行く。
- 肘を直角に曲げたまま、ヘリコプターがゆっくりと着陸するように体全体を均等に下す。
- 両脚を伸ばしたまま体を下ろす。
- 腰、頭、足を地面に付け、両足をマットの幅に開く。
- かかとを前に突き出し両脚を真っ直ぐに伸ばす。
- 両手を体側から真横に遠ざけて行き、両腕をできる限り伸ばす。
- 脚、腕、背骨を微調整しながら伸ばす。動きを止めて体を安定させる。

▶アサナ：クルマーサナ　5〜8＋回呼吸
▶ドリシュティ：ブローマディヤ（眉間）

フルヴィンヤサ

【サマスティティヒ】
【1 エーカム　第1ポジション　息を吸う】ウルドヴァ・ハスターサナ（両手を強く上に上げるポーズ）
【2 ドヴェー　第2ポジション　息を吐く】ウッタナーサナ（激しい前屈ポーズ）
【3 トリーニ　第3ポジション　息を吸う】アルダ・ウッタナーサナ（半分の立位前屈）
【4 チャットヴァーリ　第4ポジション　息を吐く】チャトランガ・ダンダーサナ（四肢で支える杖のポーズ）
【5 パンチャ　第5ポジション　息を吸う】ウルドゥヴァ・ムカ・シュヴァナーサナ（上向きの犬のポーズ）
【6 シャット　第6ポジション　息を吐く】アド・ムカ・シュヴァナーサナ（下向きの犬のポーズ）

8 アシュタ
第8ポジション　息を吐く

息を吐く　　　　　　　　　　自然な呼吸　　　　　　　　　　5〜8回呼吸

上体を起こし、両足を頭の後ろにかけてバランスをとる
- 体を押し上げて真っ直ぐに立たせる。左足を頭の後ろに回し、次に右足を回す。足首を交差させてバランスをとり、体を下げる準備をする。

✳︎ヴィンヤサ・メタ・ビュー

両手をマットに付け、頭をマットに沈める
- 足首が頭の後ろで交差したまま上体が起きている姿勢から、両手をマットに付け、スプタ・クルマーサナのポーズへと移行する。

額をマットに付け、両手を背中に回して組み、体を安定させる
- 背中で両手を組む。
- 両脚、両腕を安定させ、腰と頭をマットに根付かせる。
- 静止する。亀が手足を甲羅の中に引っ込めるように感覚を内側に引き込む。意識を内側に向け、奥深い場所へと入り込む。

▶アサナ：スプタ・クルマーサナ　5〜8＋回呼吸
▶ドリシュティ：ブローマディヤ（眉間）

クルマーサナからスプタ・クルマーサナに入る別のやり方：
●クルマーサナのポーズのまま肘を曲げ、両手を背中に回して互いを近づける。
●膝を曲げ、両足を近づける。
●頭の先で足首を交差させる。
●背中で手（指）を組む。
上の順番で行うと、足首と両手を組み易くなるが、組む順番を変えても良い。

Chapter3 プライマリーシリーズのポーズ

9 ナヴァ 第9ポジション　息を吸う	10 ダシャ 第10ポジション　息を吐く	11 エーカーダシャ 第11ポジション　息を吸う
自然な呼吸	息を吸う→吐く	息を吸う

両手でマットを強く押して上体を起こす
- 両手を解き肩の下に置く。
- 頭の後ろで足を組んだまま、両手でマットを押して腕を伸ばし、上体を起こす。
- 静止して、体を浮かす準備をする。

脚を蹴り出し、手をマットに根付かせる
- 両足首を解き、腰を沈めて脚を力強く前に蹴り出し、一瞬、ティティバーサナ（蛍のポーズ）に入る。

膝を曲げて両足を後ろに振り上げ、腕でバランスをとる
- 膝を曲げ、足を後ろに振り上げ、膝を上腕に乗せてバカーサナ（カラスのポーズ）に入る。
- 上の移行を最小限の動きで行う。脚を後ろに振り上げるだけ。他の部位は動かさない。

息を吸う

両手を根付かせ、腰を浮かし維持する
- 両手を根付かせ、パワーを爆発させて腰を浮かす。
- 「頭の後ろで足首を交差したまま腕でバランスをとる」という厳しい体勢に意識を向け静止する。

12 ドヴァーダシャ 第12ポジション 息を吐く	13 トラヨーダシャ 第13ポジション 息を吸う	14 チャトルダシャ 第14ポジション 息を吐く
息を吐く	息を吸う	息を吐く

ジャンプバック
- バカーサナでは、バランスが崩れそうになるギリギリの位置まで体を前に倒し、コントロールしながら肘を曲げる。
- 両脚を後ろに蹴り出し、体をマットに向けて均等に下ろす。

息を吐き続ける

チャトランガ・ダンダーサナに入る
- チャトランガ・ダンダーサナを決めたら動きを止め「水平の棒」になり切る。頭、胴体、骨盤を正確に統合する。
- チャトランガ・ダンダーサナに入るたびに「水平の棒」になり切るよう意識しよう。サマーディの境地に近づく。

弧を描くように頭を上げて、上向きの犬のポーズに入る
- 頭を上げ、両腕を真っ直ぐ伸ばす。
- 胸を広げ、脚に力を入れて後ろに伸ばす。
- 頭を上げ切った時、背骨を両腕の間に配置する。

腰を力強く後方に引き上げ下向きの犬のポーズに入る
- 腕と脚を伸ばしたまま、下向きの犬のポーズに一気に進む。

✤ ヴィンヤサ・メタ・ビュー
全ての移行に意識を向けて、何度も繰り返し練習して完璧を目指す。

フルヴィンヤサ
【15 パンチャダシャ 第15ポジション 息を吸う】アルダ・ウッタナーサナ（半分の立位前屈）
【16 ショーダシャ 第16ポジション 息を吐く】ウッタナーサナ（激しい前屈ポーズ）
【サマスティティヒ】

ガルバピンダーサナ（子宮の中の胎児のポーズ）・クックターサナ（鶏のポーズ）

7サプタ
第7ポジション　息を吸う

息を吐く	息を吸う	息を吐く

威厳たっぷりに腰を落とす
- スプリングに備える！

大胆に前へジャンプ！
- サーカスのパフォーマーのように、スリリングなスピードとパワーを放って足でリードしながら前に跳躍する。

ダーナーサナに入る
- 静止して体を強靭な杖と化する。

フルヴィンヤサ

【サマスティティヒ】
【1 エーカム　第1ポジション　息を吸う】ウルドゥヴァ・ハスターサナ（両手を強く上に上げるポーズ）
【2 ドヴェー　第2ポジション　息を吐く】ウッターナーサナ（激しい前屈ポーズ）
【3 トリーニ　第3ポジション　息を吸う】アルダ・ウッターナーサナ（半分の立位前屈）
【4 チャットヴァーリ　第4ポジション　息を吐く】チャトランガ・ダンダーサナ（四肢で支える杖のポーズ）
【5 パンチャ　第5ポジション　息を吸う】ウルドゥヴァ・ムカ・シュヴァナーサナ（上向きの犬のポーズ）
【6 シャット　第6ポジション　息を吐く】アド・ムカ・シュヴァナーサナ（下向きの犬のポーズ）

8 アシュタ
第8ポジション　息を吐く

自然な呼吸→5〜8回呼吸

蓮華座を組み、腕を脚に通し、バランスをとる

- 蓮華座は右足から組む。次に左手で左の脛を持ち上げて左を組む。
- 右の手のひらを下に向けて、右の脛と太腿の隙間に入れる。
- 左の手のひらを下に向けて、左の脛と太腿の隙間に通す。
- 手のひらが上を向くように両腕を外旋させる。二の腕までしっかり通す。
- 両手で顎を支え、バランスをとる。
- 頭を両手に押し当て、両腕に力を入れ、ポーズを安定させる。上体を立たせておくためのムドラ（エネルギー封印）を作る。

▶アサナ：ガルバピンダーサナ　5〜8＋回呼吸
▶ドリシュティ：ナサグライ（鼻先）

9 ナヴァ
第9ポジション　息を吐く

息を吐いて後ろに倒れ、息を吸って起き上がる

息を吸う→5〜8回呼吸

息を吸いながら起き上がる　一定のリズムで前後に転がりながら円を描くように一周する

- 体をコンパクトに丸め、転がっては起きるを繰り返す。尾てい骨から頭まで背骨が刺激されるのを感じる。
- 息を吐きながら転がり、吸いながら起きる。
- 転がるたびに小さく向きを変えて1周する。

起き上がり上体を真っ直ぐに起こして脚を引き上げ、バランスをとる

- 一周し終えたら勢いをつけて起き上がり、腕でバランスをとる。
- 体重を前方にかけ、両手でマットを強く押して腕を伸ばす。
- 脚を肘の方に引き寄せる。
- バランスが崩れそうになるギリギリのところで体を安定させる。この姿勢は、瞑想の典型的な姿勢である蓮華座のダイナミックバージョンだ。

✻ヴィンヤサ・メタ・ビュー
ポーズへの移行は全て、リスクに立ち向かうスキルを身につけるチャンス。バランスが崩れそうになるギリギリの位置で最強のバランスが得られることを肌で感じ取ろう。バランスとアンバランスの差は紙一重である！

▶アサナ：クックターサナ　5〜8＋回呼吸
▶ドリシュティ：ナサグライ（鼻先）

	## 10 ダシャ 第10ポジション 息を吸う	## 11 エーカーダシャ 第11ポジション 息を吐く
息を吐く	息を吸う	息を吐く

腰を下ろし、次のアクション（リフト）に備える
- 腰を下ろし、脚から腕を抜く。
- 蓮華座のまま後傾姿勢をとり、膝を体に引き寄せる。
- 両手を腰の前でマットにつき、体をコンパクトに丸める。
- 力を蓄え、ジャンプバックに備える。

マットを押して腰を浮かす
- 両手でマットを強く押し、腰を上げる。

ジャンプバック
- 肘を曲げ、前傾姿勢になり、両腕を軸に体を旋回する。
- 頭と胸をマットに向けて下げ、足を後ろに蹴りながら蓮華座を解く。

息を吐き続ける	12 ドヴァーダシャ 第12ポジション　息を吸う 息を吸う	13 トラヨーダシャ 第13ポジション　息を吐く 息を吐く

四肢で支える杖のポーズに入る
- チャトランガ・ダンダーサナで静止する。
- 腕と脚に力を入れる。
- 腹に力を入れ、お尻を引き締める。
- 尾てい骨を伸ばし、へそを引き上げる。
- 体幹の目覚めを意識し、野性的でありながら緻密に構成されたフォームを楽しむ。

上向きの犬のポーズに入る
- 呼吸と動きを同期させる。ポーズに入る時に息を吸い始める。
- 吸い続けながら頭で弧を描く。
- 頭が頂点に達したら体勢を整え、同時に吸い終える。
- 呼吸と動作が一体になると、それぞれが互いを支え合うため双方が強化する。そうして出来上がるポーズは見るものを圧倒する。

下向きの犬のポーズに入る
- 腰を後ろに引き上げ、肺から空気を抜く。
- 足の甲を返して上に向け、体全体でAの字を作る。
- 静止し、両手でマットを強く押し、腕と太腿の裏側に力を入れ、尾てい骨から頭までを真っ直ぐ伸ばす。

✱ **ヴィンヤサ・メタ・ビュー**
ヨギよ。移行を自信たっぷりに行うことがポーズの完璧な表現につながる、とヴィンヤサは教えてくれる。躊躇なくアクションを起こす、そして全ての動作、行動で成長することを具体的な目標として、トランジションを繰り返そう。

フルヴィンヤサ
【14 チャトルダシャ　第14ポジション　息を吸う】アルダ・ウッタナーサナ（半分の立位前屈）
【15 パンチャダシャ　第15ポジション　息を吐く】ウッタナーサナ（激しい前屈ポーズ）
【サマスティティヒ】

バッダコナーサナ A・B（がっせきのポーズ A・B）

7 サプタ
第7ポジション　息を吸う

息を吐く

大きく腰を落とす
- 腕に力を入れ、体内に力を蓄える。技を仕掛ける前の構えに喜びを見出そう！

息を吸う

前へジャンプ！
- 軽くしなやかに跳躍しダンダーサナに入る。

フルヴィンヤサ

【サマスティティヒ】
【1　エーカム　第1ポジション　息を吸う】ウルドヴァ・ハスターサナ（両手を強く上に上げるポーズ）
【2　ドヴェー　第2ポジション　息を吐く】ウッタナーサナ（激しい前屈ポーズ）
【3　トリーニ　第3ポジション　息を吸う】アルダ・ウッタナーサナ（半分の立位前屈）
【4　チャットヴァーリ　第4ポジション　息を吐く】チャトランガ・ダンダーサナ（四肢で支える杖のポーズ）
【5　パンチャ　第5ポジション　息を吸う】ウルドゥヴァ・ムカ・シュヴァナーサナ（上向きの犬のポーズ）
【6　シャット　第6ポジション　息を吐く】アド・ムカ・シュヴァナーサナ（下向きの犬のポーズ）

自然な呼吸

骨盤を立てセットアップ・ポジションに入る：ポーズの前の厳粛な構えに敬意を払う
- かかとを骨盤に引き寄せ、太腿を開き、膝をマットに押し付ける。
- かかとを押し付け合う。体重を前方にかけ、頭、背骨、骨盤を垂直に重ねる。
- 骨盤を立て、太腿に力を入れて大腿骨（尻から膝まで）を伸ばす。
- 腹を引き上げ、背骨の根本からシャクティ（エネルギー）を引き上げる。
- 視線を下げ、頭も下げ、胸を開きハート・センターから光線を放ち、太陽のように宇宙の四方向を照らし出す。

✻ **ヴィンヤサ・メタ・ビュー**
ヨギよ！慌てて前屈をしてはいけない。ポーズに入る前のセットアップ・ポジションでしばし静止しよう。なぜならこのセットアップ・ポジションは：
● 呼吸のコントロールと、静寂さの追求のために特別にデザインされた古典的な瞑想の形だから。
● 感性を高めるために毎日行う練習（サダナ）で生成されるタパスの熱から身を守る役目を果たすから。
● ヤマ、死の神（＊）、ダルマ（神聖な義務）との避けられない対決に備えることができるから。（＊）ヨガの最終目的は自分の死期を受け入れることである。

息を吸う

8 アシュタ
第8ポジション　息を吐く

息を吐く→5〜8回呼吸

9 ナヴァ
第9ポジション　息を吸う

息を吸う

両手で本を開くように両足を開き、胸を上げ、前屈に備える
- 顔を上げ、頭を反らし、胸を開く。
- 背骨の付け根から上体を引き上げ、太腿に力を入れてマットに押し付ける。
- 体内のエネルギーを最高潮に高める。

前屈する
- 根付かせた脚から伸びるように背骨を前方に突き出し、勢いよく前屈する。
- 脚と坐骨に重みを加えて固定したまま顎か頭をできるだけマットの前方に付ける。

☀ **ヴィンヤサ・メタ・ビュー**
骨盤底筋がマットにほぼ接触しているこのポーズでは、ムーラ・バンダを効かせやすい。バンダを発動するには骨盤底筋を収縮させ、背骨の根元からエネルギーを引き上げ、強靭なスピードとパワーを背骨の中央を走る神経回路（ナディ）に流すよう意識する。

▶ アサナ：バッダコナーサナA　5〜8＋回呼吸
▶ ドリシュティ：ナサグライ（鼻先）

上体を起こしてセットアップ・ポジションに戻る
- 上体を起こし骨盤を立て、もう一度前屈のための力を振り絞る。

— 168 —

Chapter3 プライマリーシリーズのポーズ

10 ダシャ
第10ポジション 息を吸う

| 息を吐く→5〜8回呼吸 | 息を吸う | 息を吐く |

背中を丸めて前屈する
- 背骨を伸ばしながら丸め、一息で急降下して頭を足に付ける。
- 頭を足に付けたら、太腿に力を入れてマットに押し付け、額を足に押し付ける。
- 呼吸の音に耳を傾け、感覚を内側に向け、広大なハートセンターへと意識を向かわせる。

▶アサナ：バッダコナーサナB 5〜8＋回呼吸
▶ドリシュティ：ナサグライ（鼻先）

体を起こして骨盤を立て、セットアップ・ポジションに戻る
- 自信たっぷりに体を起こし、喉の奥を締めるようにして息を吸い込む。
- 静止した後、即座にパワフルな瞑想の形をとる。
- 崇高な座位に全身で挑む。
- 意識を内側に向け心を研ぎ澄まし、体の芯を光の柱に変える。
- 自身の内なる世界は、いつでも頼りになるオアシス。休息の場所、活力を取り戻す場所、そして孤独を楽しむための場所だ。

足首を交差させ、両手を腰の前において準備！
- 体を動物のようにしなやかに丸めてクラウチングに入る。
- 上体を上げるためのパワーを溜める。

11 エーカーダシャ	12 ドヴァーダシャ	
第11ポジション 息を吸う	第12ポジション 息を吐く	
息を吸う	息を吐く	息を吐き続ける

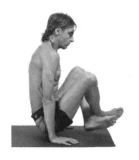  

坐骨と足を同じ高さに上げる
- 両手でマットを叩くように押し、坐骨と足を浮かす。
- 両足を体に引き寄せ、頭と胸を前方に突き出す。

肘を曲げ、前傾姿勢になり、腕を軸に体を旋回する
- 体をコントロールしながら鼻から突っ込むように顔を突き出して、両脚を後ろに蹴り出す。

チャトランガ・ダンダーサナに入る
- 頭、胴体、骨盤、脚が水平の棒状なったら動きを止める。
- マットすれすれの位置で体全体を浮かし、次の動作をマスターする。
◉尾てい骨を下げ、へそを引き上げ、骨盤を真っ直ぐにして安定させる。
◉肋骨の前側を背骨の方に引き上げ、中背部を広げる。
◉肋骨を安定させ、背骨を自然な形に整える。

Chapter3 プライマリーシリーズのポーズ

13 トラヨーダシャ
第13ポジション　息を吸う

息を吸う

14 チャトルダシャ
第14ポジション　息を吐く

息を吐く

上向きの犬のポーズに入る
- 背中を反らして蛇のような形を作る。
- 頭を上げ、背中を反らし、両腕を真っ直ぐに伸ばす。
- 肺いっぱいに空気を入れる。
- 息を吸いながら生命エネルギーを背骨に沿って上昇させる。
- 胸を大きく広げる。生命を育む太陽光線のように、輝かしい光がハートセンターから放射され、四方八方に広がっていくのをイメージする。
- その光が自身の身体中を貫き、脚、腕、骨盤、胴体、頭の奥深い場所に眠る広大で神秘的な空間までも照らすよう導く。
- 強い意志を持って挑戦するだけで、どんな結果をもたらそうとも、人生の素晴らしさが実感できる。

しっかりと息を吐きながら下向きの犬のポーズに入る
- 肺の空気を一気に吐き出すと同時に、腰を後ろに引き上げる。
- 動きと呼気を同じスピードとパワーで行う。
- ダイナミックに動き、ダイナミックなフォームを作る。

フルヴィンヤサ

【15 パンチャダシャ　第15ポジション　息を吸う】アルダ・ウッターナーサナ（半分の立位前屈）
【16 ショーダシャ　第16ポジション　息を吐く】ウッターナーサナ（激しい前屈ポーズ）
【サマスティティヒ】

— 171 —

ウパヴィシュタコナーサナ A・B (開脚前屈のポーズ A・B)

7サプタ
第7ポジション　息を吸う

息を吐く

息を吸う

自然な呼吸→息を吸う

低くかがみ跳躍の準備
- 獲物を狙う狩人のように低く構える。

到達地点を定めて前へジャンプ！
- パイク・ポジション（槍のように角度をつけた構え）から、ダンダーサナに入る。両脚を伸ばしたまま太腿を胸の方に引き寄せ、足でリードしながら跳躍する。

両脚を大きく開いてセットアップ・ポジションを巧みにとる
- 両足を120度に開く。足の外側を手で掴む。
- 太腿を根付かせ、お尻からつま先まで真っ直ぐ伸ばす。
- 両脚を前方に伸ばす。伸ばした脚に抵抗するように両腕を体の方に引く。
- 胸を持ち上げ、へそを引き上げ、背骨を前方に突き出す。
- 手足を根付かせ、背骨を最大限に伸ばす。クンダリーニ（人体内に存在するとされる根源的な生命エネルギー）が背骨の根元で目覚め、驚異的なスピードで体の中央を走る神経回路を駆け上がるだろう。

フルヴィンヤサ
【サマスティティヒ】
【1 エーカム　第1ポジション　息を吸う】ウルドヴァ・ハスターサナ（両手を強く上に上げるポーズ）
【2 ドヴェー　第2ポジション　息を吐く】ウッタナーサナ（激しい前屈ポーズ）
【3 トリーニ　第3ポジション　息を吸う】アルダ・ウッタナーサナ（半分の立位前屈）
【4 チャットヴァーリ 第4ポジション　息を吐く】チャトランガ・ダンダーサナ（四肢で支える杖のポーズ）
【5 パンチャ　第5ポジション　息を吸う】ウルドゥヴァ・ムカ・シュヴァナーサナ（上向きの犬のポーズ）
【6 シャット　第6ポジション　息を吐く】アド・ムカ・シュヴァナーサナ（下向きの犬のポーズ）

8 アシュタ
第8ポジション　息を吐く

息を吐く→5〜8回呼吸

前屈してポーズに入る
- 脚と腕に力を入れ、背筋を伸ばす。
- 急降下してポーズを決める。

✲ヴィンヤサ・メタ・ビュー
移行（トランジッション）とポーズとの関係を考えてみよう。疑心暗鬼のままで、あるいは、躊躇しながらトランジッションを行なっていないだろうか。速やかに次のポーズに入る癖を身につけよう。一挙手一投足に意識を払いながら大胆に動いてポーズを決めよう。トランジッションを真剣に行えば、ヨガの隠れた宝を見つけられる。もちろん、ポーズを楽しむことも忘れてはいけない。

▶アサナ：ウパヴィシュタコナーサナA　5〜8＋回呼吸
▶ドリシュティ：ブローマディヤ（眉間）

9 ナヴァ
第9ポジション　息を吸う

息を吸う→5〜8回呼吸

上体を起こし、両手で足を掴んだまま両脚を伸ばし、後傾姿勢をとる
- 両脚を大きく開いたまま速やかに上体を起こす。
- 上体を後ろに傾け、両脚をマットから振り上げる。
- 坐骨に体重を乗せて、バランスが崩れそうになるギリギリの位置で体を安定させる。
- 骨盤を体を支える場所（アンカー）として捉える。
- 手で足の外側をしっかり掴む。脚は前に蹴り出し、その脚を腕で体の方に引き戻すよう力を加える。
- 頭を反らし、空を見上げ、胸を開いてバランスをとる。

▶アサナ：ウパヴィシュタコナーサナB　5〜8＋回呼吸
▶ドリシュティ：ブローマディヤ（眉間）

	10 ダシャ 第10ポジション 息を吸う	11 エーカーダシャ 第11ポジション 息を吐く
息を吐く	息を吸う	息を吐く

エネルギーを溜め込みクランチング
- 両手を離し、腰より先でマットに付ける。
- 体をコンパクトに丸めて次のアクションに備える。

力強く体を上げる
- 両手で力強くマットを叩き、ウェイト・リフティングのクリーン＆ジャークのように、決然と上半身をマットから離す。
- リズミカルに素早く足を引き寄せ（マットに付けない）、上半身を突き出す。

前傾姿勢をとり、両足を後ろに蹴り出す
- 肘を曲げ腕を軸に旋回する。両足を後ろに振りながら、頭と胸をマットに近づける。

息を吐き続ける

体を生き生きとした水平の棒と化する
- 腕に力を入れ、脚を根付かせ、背骨を安定させ、チャトランガ・ダンダーサナを完成させる。自身の内側に広がる輝かしい世界に意識を向けよう。

12 ドヴァーダシャ
第12ポジション　息を吸う

息を吸う

13 トラヨーダシャ
第13ポジション　息を吐く

息を吐く

上向きの犬のポーズに入る
- 絶妙のタイミングを見計らいリズミカルに上向きの犬のポーズに移行する。次の事柄をダンスに見立てて行おう。
- ●頭を上げる。
- ●腕を伸ばす。
- ●背骨を反らす。
- ●脚に重みを加えて根付かせ固定する。

腰を後方に引き上げ、下向きの犬のポーズに入る
- ポーズに入り、アルファベットのＡの字を意識して骨を配置する：
- ●マットに根付いた長い脚がＡの一辺、そして頑丈な背骨と力強い腕がもう一本の辺。
- ●骨盤を立たせて背骨・腕と一辺を形成し、Ａの字の頂点を作る。
- ●三角形（Ａの字）からパワーを引き出し体を大地に根付かせる。ハタ・ヨガの各ポーズは神聖な幾何学図形を描いている。その形を活用して揺れる心を安定させる。

フルヴィンヤサ

【14 チャトルダシャ　第14ポジション　息を吸う】アルダ・ウッタナーサナ（半分の立位前屈）
【15 パンチャダシャ　第15ポジション　息を吐く】ウッタナーサナ（激しい前屈ポーズ）
【サマスティティヒ】

🪷 スプタコナーサナ（仰向けの開脚）

7サプタ
第7ポジション　息を吸う

息を吐く	息を吸う	息を吐く

クラウチング
- 腰を落とし低く構え、到着地点を定める。

到達地点を明確にイメージしてジャンプ！
- 足でリードしながら跳躍しダンダーサナに入る。
- クラウチングとスプリングのリズムに慣れる。

仰向けでサマスティティヒを行う（スプタ・サマスティティヒ）
- マットに仰向けになり、腹筋と体幹を働かせて沈む体をコントロールする。
- マットの表面を利用して体の中心軸を真っ直ぐに整え、コアを目覚めさせる。

フルヴィンヤサ

【サマスティティヒ】
【1　エーカム　第1ポジション　息を吸う】ウルドヴァ・ハスターサナ（両手を強く上に上げるポーズ）
【2　ドヴェー　第2ポジション　息を吐く】ウッタナーサナ（激しい前屈ポーズ）
【3　トリーニ　第3ポジション　息を吸う】アルダ・ウッタナーサナ（半分の立位前屈）
【4　チャットヴァーリ　第4ポジション　息を吐く】チャトランガ・ダンダーサナ（四肢で支える杖のポーズ）
【5　パンチャ　第5ポジション　息を吸う】ウルドゥヴァ・ムカ・シュヴァナーサナ（上向きの犬のポーズ）
【6　シャット　第6ポジション　息を吐く】アド・ムカ・シュヴァナーサナ（下向きの犬のポーズ）

8 アシュタ
第8ポジション　息を吸う

息を吸う→5〜8回呼吸

9 ナヴァ
第9ポジション　息を吐く

息を吐く　　　　　　　　　息を吸う

両脚を持ち上げて頭の先に運び、着地点で両脚を大きく開き足の親指を握る

- でんぐり返しの要領で両脚を後方に運び、腰が肩の上で垂直になったら動きを止める。
- 両足を大きく開いてマットに付ける。
- 足の親指をしっかり掴み、両脚、両腕を伸ばす。
- 骨盤を上げ、内腿に力を入れて、背筋を最大限に伸ばす。

❋ ヴィンヤサ・メタ・ビューリズムに乗せてポーズを行う。トランジッションのたびに、相反する力を拮抗させてバランスをとりポーズに鋭さを与える。このポーズでは、後方に向かう脚に抵抗するように腕を引き、相反する両方向の力を拮抗させる。その反動で体を丸めながら起き上がる。

▶ アサナ：スプタコナーサナ　5〜8+回呼吸
▶ ドリシュティ：ウールドゥヴァ（上方）

起き上がる準備をする

- 逆さまでクラウチングの姿勢に入る。
- 体重を両脚にかけ、つま先をしっかりと握る。腕に力を入れ、エネルギーを溜め込み、ダイナミックに起き上がる準備をする。

反動をつけて起き上がり両脚を前方に運ぶ

- 力強く、かつ、コントロールしながら両脚を前に運ぶ。起き上がるのに十分な勢いをつけ、骨盤が立ったら静止する。
- 一瞬静止したら、体を前に倒しウパヴィシュタコナーサナに入る。

| | **10 ダシャ**
第 10 ポジション　息を吸う | **11 エーカーダシャ**
第 11 ポジション　息を吸う |

息を吐く　　　　　　　　　息を吸う　　　　　　　　　息を吸う

脚を伸ばし、腕に力を入れ、ふくらはぎを軽くマットに付ける

- 安全にかつゆっくりと体を前方に倒すには、上体を後ろに傾けながら、両腕で両脚を体の方に引き戻すように行うと良い。
- 脚を伸ばしたまま、最初にふくらはぎをマットに付け、次にかかとを付ける。
- その後で頭と胴体を付け、ウパヴィシュタコナーサナに入る。

上体を中間地点まで起こしてセットアップ・ポジションをとる

- 脚を根付かせ、胸を持ち上げ、腕を伸ばし、両手で足を掴む。
- 背骨を伸ばし、腹を引き上げる。
- 喉の奥を締めて空気を吸い込み、肺を満たす。

息を吐く

内側にエネルギーを引き込み、クラウチングの姿勢をとる

- 骨盤を立てたまま後傾姿勢をとり、膝を曲げる。
- 両足を上げ、両手を腰の先でマットに押し付ける。
- 一瞬静止してエネルギーを蓄える。力を最大限に引き出してセットアップに投入する。

エネルギーを爆発させて上体を上げる

- 両手でしっかりとマットを押し、腰と足を浮かせる。
- 両足を引き寄せ、上体を前に倒し始める。

Chapter3 プライマリーシリーズのポーズ

| 12 ドヴァーダシャ 第12ポジション 息を吐く | 13 トラヨーダシャ 第13ポジション 息を吸う | 14 チャトルダシャ 第14ポジション 息を吐く |

息を吐く　　　　　　　　息を吸う　　　　　　　　息を吐く

ジャンプバック
- 肘を曲げ、腕を軸に旋回する。上半身をマットに向けて倒し、両脚を後ろに蹴り出す。

息を吐き続ける

四肢で支える杖のポーズでピタリと止まる
- 四肢で支える杖のポーズは、心の動きをコントロールするのに最適だ。

呼吸に合わせて上向きの犬のポーズに入る
- ポーズに入ったら、腕に力を入れ、頭を背骨から遠ざけ、肩甲骨を下げ、視線を上に向け、円を描くように反らす。
- 胸を前方に突き出すと同時に脚に重みを加えて固定する。

腰をシャープに後方に引き上げて下向きの犬のポーズに入る
- 腰を後方に突き出し、肺から空気を吐き出し、華麗に下向きの犬のポーズに入る。

✳ヴィンヤサ・メタ・ビュー
ポーズの最後にピタリと止まる。静と動の区別を明確につける。

フルヴィンヤサ
【15 パンチャダシャ　第15ポジション　息を吸う】アルダ・ウッタナーサナ（半分の立位前屈）
【16 ショーダシャ　第16ポジション　息を吐く】ウッタナーサナ（激しい前屈ポーズ）
【サマスティティヒ】

スプタパダングスターサナ（仰向けで足の親指を掴むポーズ）

7 サプタ
第7ポジション　息を吸う

| 息を吐く | 息を吸う | 息を吐く |

巧みにクラウチングに入る
- 腕に力を入れ、膝を曲げ、腰を下げる。
- 力を結集し、体の中心部を活性化して勢いをつけるリズムを見つけよう。
- 全身を目覚めさせる努力をすれば、ダルドゥリー・シッディ（クンダリーニのエネルギーが上昇し、ヨギの超能力と言われる空中浮揚）ができるようになるだろう！

脚を真っ直ぐにジャンプスルーし、長座に入る
- 体を一気に動かす。大胆に跳躍して正確に目的地に降りる。
- ヨガの威厳さをイメージして、前方に飛び出そう。

☀ **ヴィンヤサ・メタ・ビュー**
練習を「猛烈な愛を表現するための儀式」に変える。各ポーズやトランジッションに秘められた美しさを引き出そう。崇高な努力によって、ヨガの尊さを表現しよう。バウル（ベンガルの放浪修行者）の詩人は言った。「獰猛な愛の儀式を行うのは、ヨガが本質的に美しく尊いからだ」

仰向けでサマスティティヒを行う（スプタ・サマスティティヒ）
- 体の中心部をコントロールしながら頭と胴体を後ろに倒して行き仰向けになる。
- 水平なマットはフォームを作るのに有効なツールだ。
- バラバラになった身体部位を1つにまとめ、純粋な一本線を表現する。
- 水平軸に沿って体を固定し、中心部を火の柱（エネルギー的に覚醒したダンダ、魔法の杖）に変える。
- 無心の境地に入る。ヨギが求める境地はエゴや思考するマインドでは知ることができない。エゴを捨て、思考を死滅させて空の自分を探し出そう。

フルヴィンヤサ

【サマスティティヒ】
【1 エーカム　第1ポジション　息を吸う】ウルドゥヴァ・ハスターサナ（両手を強く上に上げるポーズ）
【2 ドヴェー　第2ポジション　息を吐く】ウッタナーサナ（激しい前屈ポーズ）
【3 トリーニ　第3ポジション　息を吸う】アルダ・ウッタナーサナ（半分の立位前屈）
【4 チャットヴァーリ　第4ポジション　息を吐く】チャトランガ・ダンダーサナ（四肢で支える杖のポーズ）
【5 パンチャ　第5ポジション　息を吸う】ウルドゥヴァ・ムカ・シュヴァナーサナ（上向きの犬のポーズ）
【6 シャット　第6ポジション　息を吐く】アド・ムカ・シュヴァナーサナ（下向きの犬のポーズ）

| 8 アシュタ 第8ポジション 息を吸う | 9 ナヴァ 第9ポジション 息を吐く | 10 ダシャ 第10ポジション 息を吸う |

息を吸う

息を吐く→5〜8回呼吸

息を吸う

右脚を振り上げ、足の親指を掴む
- 右脚を上げ、右手で足の親指を掴む。
- 右脚に力を入れ勢いよく蹴り上げる。腕にも同等の力を入れる。
- 左脚はマットに付けたまま真っ直ぐ伸ばし、左手で左太腿を押さえる。

✤ ヴィンヤサ・メタ・ビュー
各ポーズの前に行うセットアップ・ポジションは通常、ダンダーサナ（杖のポーズ）だ。立っているか、座っているか、横たわっているかによって、その形は微妙に異なるが、基本姿勢は変わらない。ポーズを決めるたびに、ダンダーサナを正確に行うことで、全てのトランジションとポーズに共通する真の要素を感じとることができるようになる。ダンダーサナの知識が備わっていれば、表面的な動きに囚われることなく、最小限の努力でトランジッション、ポーズの核心に迫ることができる。ヴィンヤサを何度も練習することで、どんな状況においてもセットアップ・ポジション（クラウチング）、トランジション（スプリング）、ポーズ（目的地・形）はそれぞれ1つしかないと理解できる。

頭を脛に付ける
- 腹部に力を入れながら胴体を上げ、右腕を引き寄せる。
- 頭を脚に付けて体を安定させる。
- 左脚をマットに押し付け、真っ直ぐ伸ばした左腕で左太腿を押さえる。

▶ アサナ：スプタパダングスターサナ（右側）5〜8＋回呼吸
▶ ドリシュティ：パダヨラグライ（つま先）

基本の姿勢（セットアップ・ポジション）に戻る
- 頭をマットに下ろす。足の親指を握ったまま腕、脚を華麗に伸ばし、ポーズの成功を祝って、セットアップ・ポジションに戻る。

11 エーカーダシャ 第11ポジション 息を吐く	12 ドヴァーダシャ 第12ポジション 息を吸う	13 トラヨーダシャ 第13ポジション 息を吐く
息を吐く→5〜8回呼吸	息を吸う	息を吐く

右脚を投げやるように右横に出す
- 肺から空気を吐き出しながら、右足を右横に振り出してマットに付ける。
- 右の腕に力を入れ、脚を振り上げ、空中に円を描くようにコントロールしながら目的地に向かわせる。
- 頭を左に向け、左を見る。
- 左の太腿を根付かせ、体の左側全体をマットに固定し、移行とポーズを安定させる。

▶アサナ：スプタパダングスターサナ（右側）5〜8＋回呼吸
▶ドリシュティ：パールシュヴァ（左側）

勢いよくセットアップ・ポジションに戻る
- 躊躇なく右脚を中央に振り上げてマットに垂直に立てる。足の親指をしっかり握ったまま右脚を上に伸ばし、左脚に重み加えてマットに沈める。
- トランジションの勢いを利用して輝かしいセットアップ・ポジションを作り静止する。

頭を脛に付ける
- 勢いよく胴体を上げ、右腕を引き下ろしながら頭を脛に付ける。

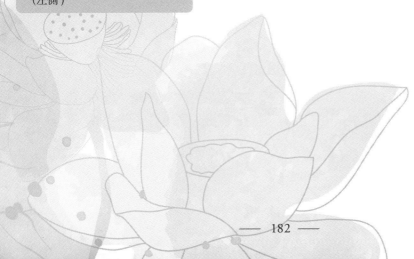

— 182 —

Chapter3 プライマリーシリーズのポーズ

14 チャトルダシャ
第14ポジション　息を吸う

息を吸う

15 パンチャダシャ
第15ポジション　息を吸う

息を吸う

息を吐く

セットアップ・ポジションに入る
- 頭と胴体をマットに下ろし、第1サイドの4回目（最後）となる基本姿勢をとる。
- 足の親指を握ったまま、右脚を華麗に蹴り上げる。同時に同等の力で右腕を引き寄せる。
- 頭、胴体、骨盤、左脚を水平に素早く揃える。

❋**ヴィンヤサ・メタ・ビュー**
ヨギは己のコアへの道のりを王道と呼ぶ。自身の内側に意識を集中して中心部を見つけるには、大きく曲がりくねった道をひたすら歩まねばならない。そこは自分だけのために意図された神聖かつ神秘の世界である。

仰向けのサマスティティヒに入る
- 足の親指から手を離し、仰向けのサマスティティヒに入る。一瞬にして身体を活性化する。

左足を振り上げ、反対側を行う
- 左足を上げ、足の親指を掴む。
- 驚異的なパワーで左脚を上に伸ばす。つま先が天に届くように意識し、左腕にも同等の相反する力を注ぐ。
- 右脚と右腕をしっかり根付かせる。

183

16 ショーダシャ 第16ポジション　息を吐く	**17 サプタダシャ** 第17ポジション　息を吸う	**18 アシュタ―ダシャ** 第18ポジション　息を吐く
息を吐く→5～8回呼吸	息を吸う	息を吐く→5～8回呼吸

<u>上体を起こして前屈姿勢をとる</u>
- 頭と胴体を勢いよく上げ、顎を脛に付け、左腕を引き下ろす。
- 上半身をマットから起こし、腕、脚、腹に力を入れる。

▶アサナ：スプタパダングスターサナ（左側）5～8＋回呼吸
▶ドリシュティ：パダヨラグライ（つま先）

ポーズを解いてセットアップ・ポジションに戻る
- 頭と胴体をマットに下ろす。
- 足の親指をしっかり握り直し、左腕で支えながら左足を最大限の力で蹴り上げる。
- 顎を引き、胴体に燃えるような視線を投げかけ、へそを引き上げる。

左足を弧を描くように横に出す
- 左足をシャープに横に出し足をマットに付ける。
- 左足を蹴り上げ、脚全体を伸ばして横に倒す。脚全体に明確な指示を出す。
- 足が床についたら、左の太腿の付け根からつま先までを真っ直ぐに伸ばし、知的な力を走らせる。光線と化したエネルギーが腰からつま先に伝い、宇宙に向かって無限大に広がるのを感じとる。

▶アサナ：スプタパダングスターサナ（左側）5～8＋回呼吸
▶ドリシュティ：パールシュヴァ（右側）

Chapter3 プライマリーシリーズのポーズ

19 ナヴァダシャ
第 19 ポジション　息を吸う

息を吸う

20 ヴィムシャティヒ
第 20 ポジション　息を吐く

息を吐く

21 エーカーヴィムシャティヒ
第 21 ポジション　息を吸う

息を吸う

左脚を中央に戻し、セットアップ・ポジションをとる
- 明確な動きで左脚を中央に戻しマットと垂直に立てる。
- 脚を伸ばし、腕に力を入れ、足の親指をしっかりと握る。
- 右腕で右脚を強く押す。
- 顎を水平に保ち、視線を下に向けて内観し、セットアップ・ポジションに意識を集中させる。

胴体を起こして頭を脛に付ける
- マットから体を引き上げるように、頭と胴体を浮かす。
- 頭を脚に付け、左腕を引き下ろす。
- 右の太腿を根付かせ、右脚全体を伸ばす。

セットアップ・ポジションに戻る
- 頭をマットに下ろし、即座に基本の姿勢をとる。
- 左脚を素早く中央に戻し、左足の親指を掴んだまま左腕に力を入れる。
- 胴体、骨盤、脚をチャージアップすることで、尾てい骨から頭の天辺までの体の中央ラインを、光輝く大きな川に変える。

22 ドゥヴァヴィムシャティヒ
第22ポジション　息を吐く
息を吐く

23 トラヨーヴィムシャティヒ
第23ポジション　息を吸う
息を吸う

24 チャトルヴィムシャティヒ
第24ポジション　息を吐く
息を吐く

左脚を下ろし、仰向けのサマスティティヒに入る
- 左足を振り下ろし、手足をチャージし、体の中心を活性化し、横たわった自身の体をシャーマンの杖に変える。

チャクラーサナ（車輪のポーズ）を行う
- リズミカルなでんぐり返りで両脚と両腕を頭の先に運び、腰を上げ、両手を肩の下でマットに押し付ける。
- 両手でマットを押し、腰が顔の真上を通過する時に腕に力を入れる。
- 顎を引き、脚を後ろに伸ばし、チャトランガ・ダンダーサナに入る。
- 勢いと腕の力を使うことが首を守る鍵だ。

四肢で支える杖のポーズを作る
- ポーズに入ったら、マットすれすれの位置で体を水平に維持する（ホバリング）。
- 力強さの真髄を示すポーズに安定感を加える。
- ヨガの5大要素（大地（土）、水、火、空気（風）、宇宙（空間））によって目覚めた強靭な肉体は、神秘的な宇宙のあらゆる物の源への完璧な捧げものとなる。

✲ヴィンヤサ・メタ・ビュー
水を対象に行う瞑想：ポーズをとる時、自らの体を川と化しなさい。滑らかで穏やかに流れ続ける川。柔軟に環境に順応し、地形の通りに時にはカーブを描く。色々な特徴を均等に満たそう。スピードを速めたり、遅めたり。幅を狭めたり広げたり、小さくなったり大きくなったり。色々な形に挑戦しよう。腕、脚、背骨をくねらせたり、柔軟なマインドを持とう。優雅にかつ柔らかく渦を巻く動作

5大要素：水

Chapter3 プライマリーシリーズのポーズ

	25 パンチャヴィムシャティ 第25ポジション　息を吸う	26 シャッドヴィムシャティヒ 第26ポジション　息を吐く
	息を吸う	息を吐く

を学ぼう。辛抱強く、粘り強く体を液体と化し、栄養を蓄え、エネルギー補給を行おう。身心の悪い癖を取り除き、新しい世界を切り拓こう。自身の内なる羅針盤に忠誠を誓いながら、冒険しよう。最も深いところに居座る全ての根源と融合したいという気持ちを強く持ち続けよう。呼吸を通して生命の蜜を存分に味わい、1つのジャーニーの終わりと同時に次のジャーニーに挑む準備をしよう。

体を起こし、背骨をアーチ型にする

- 弧を描くようにリズミカルに頭を上げ、マットを押しながら両腕を真っ直ぐ伸ばし、背骨を優雅に反らす。
- お尻からつま先までしっかりと伸ばし、内腿を上げ、足首を完全に伸ばす。

下向きの犬のポーズをとる

- お尻を力強く後方に突き上げ、勢いをつけて下向きの犬のポーズに入る。
- ポーズに入ったら太腿に力を入れて足全体の裏を伸ばす。
- 座骨を持ち上げ、お尻の力を抜く。
- 背骨、両腕と一直線になるように、骨盤の位置を整える。

フルヴィンヤサ
【27 サプタヴィムシャティヒ 第27ポジション　息を吸う】アルダ・ウッタナーサナ（半分の立位前屈）
【28 アシュトーヴィムシャティヒ 第28ポジション　息を吐く】ウッタナーサナ（激しい前屈ポーズ）
【サマスティティヒ】

ウバヤパダングスターサナ（両足の親指を掴むポーズ）

7サプタ
第7ポジション　息を吸う

息を吐く　　　　　　　　　　　　　　　息を吸う

低く構える（クラウチング）
- 不意打ちを企む猫のように忍耐強く身を潜める。姿勢を低くして大地とのコネクションを作り、心を澄ませ、次の攻撃（アクション）に備える。

足から前に突進する
- 思い切り体を前へ打ち出す。

❋ヴィンヤサ・メタ・ビュー
フォームやトランジッションに入るたびに、宇宙にこう告げよう。「私は今ここで、最高のフォーム作りに全てを賭ける！それは私が作り上げる私だけのものだ。他の誰のものでもない。覚悟と責任感を持ってフォームやトランジッションに挑む。良いと思うもの、適切だと考えるもの、美しいと感じるもの、価値があると見なすものを完全な形で表現している。非常に満足だ！」

フルヴィンヤサ
【サマスティティヒ】
【1 エーカム 第1ポジション　息を吸う】ウルドヴァ・ハスターサナ（両手を強く上に上げるポーズ）
【2 ドヴェー 第2ポジション　息を吐く】ウッタナーサナ（激しい前屈ポーズ）
【3 トリーニ 第3ポジション　息を吸う】アルダ・ウッタナーサナ（半分の立位前屈）
【4 チャットヴァーリ 第4ポジション　息を吐く】チャトランガ・ダンダーサナ（四肢で支える杖のポーズ）
【5 パンチャ 第5ポジション　息を吸う】ウルドゥヴァ・ムカ・シュヴァナーサナ（上向きの犬のポーズ）
【6 シャット 第6ポジション　息を吐く】アド・ムカ・シュヴァナーサナ（下向きの犬のポーズ）

息を吐く

仰向けのサマスティティヒに入る
- 向けのサマスティティヒ（スプタ・サマスティティ）になり静止する。手足を根付かせ、体の中心部を目覚めさせ、口内に空間を作る（ケチャリ・ムドラ*）。

（*）ヨガは古代インドを起源とする伝統的な修行法である。その目的は瞑想によって呼吸を整え、精神統一を計り、超自然的力を得ることだ。現代の日本においてヨガは、健康法、ダイエットとして認識されることが多いが、本家本物のインドでは一般人が決して真似してはいけない、想像を絶するヨガも存在する。その1つが「ケチャリムドラ（Khecarī Mudrā）」である。「ケチャリ（khecarī）」は、「宇宙」「ブラフマン」を意味する「kha」と、「歩く」「移動する」を意味する「char」の2つの言葉の組み合わせである。一方、「ムドラ（mudrā）」は、「封印」「仕草」「姿勢」を意味する。ケチャリムドラによって「ビンドゥチャクラ」（不死をもたらす甘露、アムリタを生み出す第8番目のチャクラ）を流れるエネルギーを凝縮し、超自然的力を引き出すことができるとされる。この力を獲得するためには、舌を後ろに丸めて鼻腔に挿入し、そこを流れている「アムリタ」を舐めなければならない。ケチャリムドラで刺激されるのは、さまざまなホルモンの働きをコントロールする下垂体で、ヨガの世界では「第三の目」と考えられる部位である。

※ヴィンヤサ・メタ・ビュー
Vijñāna Bhairava（本：ヴィギャン・バイラヴ・タントラ）から、身体（小宇宙）の中の「空の要素」を探求するための2つの瞑想を紹介しよう。
ダーラナー 第22章
身体の上部にある空間（口蓋）、背骨の根元にある空間（仙骨）そして心臓にある空間に集中できるヨギは思考から解放され、全思考を超越した存在とされるヨガの神シヴァとの交流が可能となる。
ダーラナー 第25章
皮膚を壁や境界線として考えよ。そして、その境界線の内側には実際何もなく、ただの空間が広がるだけだと意識して瞑想することで、物質という幻想の世界を超越した意識状態に達することができる。

5大要素：宇宙（空間）

8 アシュタ 第8ポジション　息を吸う	9 ナヴァ 第9ポジション　息を吸う	10 ダシャ 第10ポジション　息を吐く
息を吸う→息を吐く	息を吸う→5〜8回呼吸	息を吐く

でんぐり返りの要領で両脚、両腕を持ち上げ頭の向こう側に伸ばし、足の親指を掴む

- 両脚、両腕を勢いよく上げて頭の向こう側に伸ばす。
- 両足をマットに付け、足の親指を掴む。
- 両脚に体重をかけ、腕に力を入れる。
- 骨盤を立て、座骨、背骨を上に伸ばす。

前へ転がり、バランスをとり、つま先を引き寄せる

- 力強く両脚を前方に運ぶ。
- 背骨でマットを押しながら勢いよく前に転がり、バランスが崩れそうになる位置でピタリと静止してバランスをとる。
- 勢いよく前に転がり、中間地点でピタリと静止してバランスをとるのは難しいが、次の3つの動作でブレーキを効かせることができる：
1）脚を伸ばすと同時に、足の親指をしっかり握る。
2）腕を胴体に強く引き寄せる。
3）頭と胸を後ろに傾ける。

▶アサナ：ウバヤパダングスターサナ 5〜8＋回呼吸
▶ドリシュティ：ウールドゥヴァ（上方）

クラウチングに入る

- 両手を足の親指から離して腰の前でマットに付け、上体を浮かす準備をする。

息を吸う

手でマットを叩くように押して上体を上げる

- 両手でマットを叩くように押し、腰を素早く上げる。
- 両足を体に引き寄せ、肘を曲げて前傾姿勢になる。

— 190 —

Chapter3 プライマリーシリーズのポーズ

11 エーカーダシャ
第11ポジション　息を吐く

息を吐く

ジャンプバック
- 腕を軸に体を旋回する。顔をマットに近づけながら上半身を前傾させ、コントロールしながら脚を後ろに蹴り出す。

息を吐き続ける

チャトランガ・ダンダーサナで静止する
- 全身を鋼鉄のように強く、かつ、柳のようにしなやかにする。

12 ドヴァーダシャ
第12ポジション　息を吸う

息を吸う

ロケットの速さで真上に向かって頭を上げ、背骨を反らし脚に重みを加えて固定する
- ポーズに入る際、鉛筆の先に見立てた鼻で空中に円を描くように頭、背骨を上げる。
- 頭を上げながら背骨を反らし、両腕を真っ直ぐ伸ばす。
- 背骨を反らし、胸を力強く広げられるように次の動作を行う：
● 両手でマットを強く押す。
● 腕に力を入れて真っ直ぐにする。
● 両脚を意識してしっかり後ろに伸ばす。

13 トラヨーダシャ
第13ポジション　息を吐く

息を吐く

一気に下向きの犬のポーズに入る
- 勢いに乗ってスムーズに下向きの犬のポーズに入る。
- 静止したままポーズに全意識を集中する。身体を魔法の形、ヤントラと化して集中力を引き出す。シャープな角度、真っ直ぐな線を正確に表現し、恐怖や絶えず湧き起こる思考を超越して、神聖な領域へと自分自身を誘おう。

フルヴィンヤサ
【14チャトルダシャ　第14ポジション　息を吸う】アルダ・ウッタナーサナ（半分の立位前屈）
【15パンチャダシャ　第15ポジション　息を吐く】ウッタナーサナ（激しい前屈ポーズ）
【サマスティティヒ】

ウルドゥヴァ・ムカ・パスチモッタナーサナ（上向きの前屈のポーズ）

7サプタ
第7ポジション　息を吸う

息を吐く　　　　　　　　　息を吸う　　　　　　　　　息を吐く

手でマットを強く押し、身を低めて腰を沈ませる
- 背骨に沿って息を吐きながら、体の中心に活力を吹き込む。崇高なフォームを追い求めるハンターの如く低く身構える。
- 躊躇なく体を前へ打ち出す。

前に跳躍する
- 一気に前にジャンプ。疑念やいかなる思考にも染まらない純粋な動きを目指そう。
- 自信をもって目的地を目指し、両足を両手より遥か向こうに着地させる。

体をコントロールしながら仰向けになる
- 仰向けになり、両足を揃え、全てのポーズの根源であるサマスティティヒをイメージする。

フルヴィンヤサ
【サマスティティヒ】
【1 エーカム　第1ポジション　息を吸う】ウルドゥヴァ・ハスターサナ（両手を強く上に上げるポーズ）
【2 ドヴェー　第2ポジション　息を吐く】ウッターナーサナ（激しい前屈ポーズ）
【3 トリーニ　第3ポジション　息を吸う】アルダ・ウッターナーサナ（半分の立位前屈）
【4 チャットヴァーリ　第4ポジション　息を吐く】チャトランガ・ダンダーサナ（四肢で支える杖のポーズ）
【5 パンチャ　第5ポジション　息を吸う】ウルドゥヴァ・ムカ・シュヴァナーサナ（上向きの犬のポーズ）
【6 シャット　第6ポジション　息を吐く】アド・ムカ・シュヴァナーサナ（下向きの犬のポーズ）

Chapter3 プライマリーシリーズのポーズ

8 アシュタ
第8ポジション　息を吸う

息を吸う→息を吐く

9 ナヴァ
第9ポジション　息を吸う

息を吸う

息を吐く→5〜8回呼吸

両脚両腕を頭の先に伸ばし足の親指をキャッチし、クラウチングの姿勢をとる

- 脚と腕を勢いよく上げて頭の向こう側に伸ばし、つま先をマットに付ける。
- 両手で足の外側をしっかり掴む。
- 脚に体重を乗せて伸ばし、腕に力を入れる。
- 骨盤を立て、背骨を伸ばす。
- エネルギーを溜め、骨に力を蓄え、鮮やかに前に転がる。

前に転がり起き、上体を立てて静止し、バランスをとる

- 車輪のように背骨を上手に転がして脚を力強く前に運ぶ。
- 上体が立ったらピタリと静止し、最適なバランスポイントを見つける。
- 脚を前方に蹴り出し、伸ばした腕で蹴り出した脚を引き戻し、上体を後ろに傾ける。
- 不安定な姿勢を不動のものに変える。

体重を前方にかけ、ジャックナイフの形を作る

- 背骨を丸めずに引き上げ、腕を引き寄せ、頭と胴体を脚に付ける。
- 安定をとるのが極めて難しいこのポーズで体が根付いている感覚を掴み、楽しむ。バランスが崩れそうになるギリギリの位置が最も安全で、安心でき、かつ「生きている！」を実感できる場所だと分かるだろう。

▶アサナ：ウルドゥヴァ・ムカ・パスチモッタナーサナ　5〜8＋回呼吸
▶ドリシュティ：ナサグライ（鼻先）

10 ダシャ 第10ポジション 息を吸う		11 エーカーダシャ 第11ポジション 息を吸う
息を吸う	息を吐く	息を吸う

足を掴んだまま、後方に体重をかけてセットアップ・ポジションをとる

- 足を掴んだまま、腕を伸ばし、体重を後ろにかけ、セットアップの位置で静止する。この姿勢に価値を見出す。
- 腕に力を入れ、つま先を天に届ける勢いで突き上げる。
- へそを引き上げ、胸を無限に広げる。
- 個々の身体部位が他の部位と調和を保ちながら、体全体のバランスが整うように全力を尽くす。だが、完璧な結果に固執してはいけない。

クラウチングになり、次のアクションに備える

- 両手を離し、腰の前でマットに付ける。
- 力を奮い立たせ、エネルギーを溜める。リズム、タイミングそして勢いを利用する。

一気に体を浮かす

- 両手でマットを叩くように押し、腰を上げ、両足を浮かせたまま体に引き寄せる。

Chapter3 プライマリーシリーズのポーズ

12 ドヴァーダシャ
第12ポジション　息を吐く

息を吐く

13 トラヨーダシャ
第13ポジション　息を吸う

息を吸う

14 チャトルダシャ
第14ポジション　息を吐く

息を吐く

ジャンプバック
- 肘を曲げ、体をコンパクトに丸めてバランスをとる。
- 腕を軸に頭と胸をマットに向けて下げ、体を旋回し、両脚を後方に蹴って伸ばす。

息を吐き続ける

マットから体を跳ね上がらせて背骨を反らす
- 次の動作を連続して行う：
- つま先を返してマットを押す。
- 円を描くように頭を上げる。
- 両腕を真っ直ぐ伸ばす。
- 脚を完全に伸ばし、つま先も伸ばす。
- 胸を大きく開く。
- 魅惑的なダンサーのように、頭を後ろに倒す。

無駄な動きなく腰を後方に引き上げて正確な位置で止まる
- 下向きの犬のポーズへの移行の際、生命エネルギーを体の中心線に沿わせて背骨の根元（ムーラダーラ）へと送る。
- 脚と背骨・腕でアルファベットのAを作る。骨盤を真っ直ぐに立てて正確な角度を作り静止する。
- へそを引き上げ、ヨガの実践で最も効果的なベリー・フライング・アップ・ジェスチャー（ウディヤナ・バンダ）が実践できるかを確認する。

チャトランガダンダーサナに入る
- ジャジャーン！鮮やかなプランクを作る。
- 身体の隅々に蓄えられている活力を引き出し一拍でも二拍でもこのフォームに留まろう。そうすれば、このヤントラの形がいかに素晴らしく、尊いものだと分かるだろう。

フルヴィンヤサ
【15 パンチャダシャ　第15ポジション　息を吸う】アルダ・ウッタナーサナ（半分の立位前屈）
【16 ショーダシャ　第16ポジション　息を吐く】ウッタナーサナ（激しい前屈ポーズ）
【サマスティティヒ】

195

🪷 セツバンダーサナ（橋のポーズ）

7 サプタ
第7ポジション　息を吸う

息を吐く　　　　　　　　　息を吸う　　　　　　　　　息を吐く

低く構えて息を吐き切る
- 腰を沈め、身を低くする。
- 両手をマットに付け、腕に力を入れる。
- へそを引き上げ、プラーナを身体の中心部に結集する。
- スプリングの前の瞬間を堪能する。

前に跳躍
- 肺を目一杯膨らませて前方に跳躍する。両足を両手の先に着地させる。

仰向けのサマシティティヒに入る
- 体幹を働かせて仰向けになる。
- 頭、胴体、骨盤、脚、腕が、神秘の力を備えた杖と化すのをイメージする。

フルヴィンヤサ

【サマスティティヒ】
【1 エーカム 第1ポジション　息を吸う】ウルドゥヴァ・ハスターサナ（両手を強く上に上げるポーズ）
【2 ドヴェー 第2ポジション　息を吐く】ウッタナーサナ（激しい前屈ポーズ）
【3 トリーニ 第3ポジション　息を吸う】アルダ・ウッタナーサナ（半分の立位前屈）
【4 チャットヴァーリ 第4ポジション　息を吐く】チャトランガ・ダンダーサナ（四肢で支える杖のポーズ）
【5 パンチャ 第5ポジション　息を吸う】ウルドゥヴァ・ムカ・シュヴァナーサナ（上向きの犬のポーズ）
【6 シャット 第6ポジション　息を吐く】アド・ムカ・シュヴァナーサナ（下向きの犬のポーズ）

8 アシュタ
第8ポジション　息を吐く

自然な呼吸→息を吐く

脚をセットし、背骨を反らし、頭に重みを加えて固定し、胸の上で両腕を交差する

- 仰向けの姿勢でつま先を外に開き、両足を腰の方に引き寄せる。
- 足でしっかりマットを抑え、膝を上げ、太腿を内転させ、脚に力を入れる。
- お尻をマットに付けたまま肘でマットを押して、頭を持ち上げ、胸を開く。
- 頭の天辺をマットに付ける。
- 両腕を胸の上で交差し、鎖骨の上に両手を添える。
- 指から肘までの前腕全体に力を入れて胸を包むように強く押す。
- 静止状態で手足に生命力をチャージして胸を開き、ダイナミックなリフトアップに備える。

9 ナヴァ
第9ポジション　息を吸う

息を吸う→5〜8回呼吸

腰を上げ両腕に力を入れて固定し、両脚を根付かせブリッジに入る

- 足でマットを踏みしめ、勢いをつけて背骨を上げ、脚を伸ばし、腕に力を入れる。
- 体が最高位に上がったら、両腕で胸を抑え、胸椎を体の中心軸に引き付ける。
- ポーズに入ったら次のアクションをとる：
- ●根付かせた足を支えに頭も根付かせる。
- ●脚を伸ばし続ける。
- ●前腕（指から肘まで）を押し下げる。
- ●胸を広げ、背骨のアーチを深める。

❋ **ヴィンヤサ・メタ・ビュー**
自分の身体をアーチ型の石橋に見立ててみよう。頭と両足は、両方の川岸に埋め込まれた頑丈な土台だ。そして、胴体、骨盤、脚は川を下にして強固なアーチを形成する。

▶アサナ：セツバンダーサナ　5〜8＋回呼吸
▶ドリシュティ：ナサグライ（鼻先）またはブローマディヤ（眉間）

10 ダシャ 第10ポジション　息を吐く	11 エーカーダシャ 第11ポジション　息を吸う	
息を吐く	息を吸う	息を吐く

腰を落としてセットアップ・ポジションに戻る
- 膝を曲げて腰をマットに付ける。

息を吐き続ける

仰向けになり後ろでんぐり返りの準備をする
- 速やかに仰向けのサマスティティヒに入る。体の中心軸に沿って走る神経回路（シュシュムナ・ナディ）を活性化する。
- 速やかに心を切り替え、ダイナミックなアクションに備える。

チャクラサナ（後ろでんぐり返り）を行う
- 仰向けのまま腕と胴体（脚から腰まで）を勢いよく頭の向こう側に運び、両手を肩の下でマットに押し付ける。
- 腰、脚を頭の先に勢いよく伸ばすと同時に、両手でマットを押す。
- 顎を引き、脚を目的地まで運ぶ。
- 注意：でんぐり返りの重要点は、勢いと腕の力の両方を駆使して首を守ること。

筋力アップにうってつけのポーズ、四肢で支える杖のポーズをとる
- 四肢で支える杖のポーズを維持し、筋力をアップしよう。

☀ヴィンヤサ・メタ・ビュー
筋力アップにつながる四肢で支える杖のポーズを真剣に行うと、2つのシッディ（神秘の力）が得られる：

Chapter3 プライマリーシリーズのポーズ

	12 ドヴァーダシャ 第12ポジション　息を吸う	13 トラヨーダシャ 第13ポジション　息を吐く
	息を吸う	息を吐く

ヤマ・シッディ：次の事柄に対して正々堂々とノーと言い、拒否するメンタリティ
1）危害を加えること
2）不誠実な態度をとること
3）創造力を破壊すること
4）嫉妬したり、感謝することを怠ること
5）独占したり、過度な贅沢に走ること

ニヤマ・シッディ：次の事柄にコミットし、積極的に行う姿勢
1）純粋な気持ちで行動すること
2）どんな状況下でも、満足すること
3）ヨガの練習を着実に続けること
4）ヨガ哲学を熱心に学び、瞑想すること
5）聖なる源であるエゴを超越した真の自分を発見すること

頭を上げ腕を真っ直ぐにしてマットを強く押す
- 以下の動作をタイミングを重視して行う：
● 最高地点まで円を描きながら頭を上げる。
● 背骨をシャープなアーチ型にする。
● 手でしっかりマットを押して、腕を伸ばす。
● 両足をしっかりと根付かせる。

素早く腰を後方に引き上げる
- 下向きの犬のポーズを目指して、一気に腰を後方に引き上げて下向きのポーズに入る。
- ポーズを決めたら1〜2回余分に呼吸をする。
- 吐く力（アパーナヴァユ）を背骨の付け根まで背骨に沿わせて流す。
- 吸う力（プラーナヴァユ）を背骨の付け根から胸の上まで背骨に沿わせて流す。
- 息を背骨に沿って上下自由に走らせることができるヨギは、純粋な行動力と、起こる全ての結果を聖なる大法則に委ねる柔軟性が得られる。

フルヴィンヤサ
【14 チャトルダシャ 第14ポジション　息を吸う】アルダ・ウッタナーサナ（半分の立位前屈）
【15 パンチャダシャ 第15ポジション　息を吐く】ウッタナーサナ（激しい前屈ポーズ）
【サマスティティヒ】

Chapter 4
― フィニッシングポーズ ―

🪷 ウルドゥヴァ・ダヌラーサナ（上向きの弓のポーズ）

7 サプタ
第7ポジション　息を吸う

息を吐く

手でマットを強く押し、腕に力を入れ、低くしゃがむ
- 根本の姿勢、クラウチングに入る。
- 自身の体の原点に立ち返り、美しさの源を見つける。

息を吸う

一気に前へ跳躍する
- 正確な判断で純粋に両足を前方にジャンプさせる。
- 空間を抜けるように両脚を前方に運ぶ。

息を吐く

仰向けになり頭と胴体をマットに預ける
- 仰向けのサマスティティヒになり、自身の体を輝く光の柱だとイメージする。

8 アシュタ
第8ポジション　息を吐く

自然な呼吸→息を吐く

手足を固定し、体を上げる準備をする
- 膝を曲げ、両足をお尻の手前に引き寄せる。
- 両手を上げ、手のひらを返して肩の下に配置する。
- 両手でマットを強く押し、両腕にも力を入れ、両肘を寄せる。
- 足を踏ん張り、脚にも力を入れ、両膝を寄せる。
- このセットアップ・ポジションでは慌てず、ゆっくりと手足にエネルギーを蓄え、次のアクションに備える。

フルヴィンヤサ
【サマスティティヒ】
【1 エーカム 第1ポジション　息を吸う】ウルドゥヴァ・ハスターサナ（両手を強く上に上げるポーズ）
【2 ドヴェー 第2ポジション　息を吐く】ウッタナーサナ（激しい前屈ポーズ）
【3 トリーニ 第3ポジション　息を吸う】アルダ・ウッタナーサナ（半分の立位前屈）
【4 チャットヴァーリ 第4ポジション　息を吐く】チャトランガ・ダンダーサナ（四肢で支える杖のポーズ）
【5 パンチャ 第5ポジション　息を吸う】ウルドゥヴァ・ムカ・シュヴァナーサナ（上向きの犬のポーズ）
【6 シャット 第6ポジション　息を吐く】アド・ムカ・シュヴァナーサナ（下向きの犬のポーズ）

Chapter4 フィニッシングポーズ

9 ナヴァ
第9ポジション 息を吸う

息を吸う→5〜8回呼吸

10 ダシャ
第10ポジション 息を吐く

息を吐く

息を吐き続ける

腰を上げ、腕を真っ直ぐ伸ばし、背骨を反らす
- 気合いを入れて両手両足でマットを押し、骨盤を突き上げ、背中を反らして深いアーチを作る。
- アーチが出来上がったら、脚に若干体重をかけ、足首の上に膝を垂直に並べる。
- 脚から腕に体重を移動する。
- 腕を真っ直ぐ伸ばし、肩を肘と手首の上に垂直に重ねる。
- 背骨を目一杯突き上げ、矢を放つ直前の最高にしなった弓のようにダイナミックなアーチを作る。

✿ **ヴィンヤサ・メタ・ビュー**
背骨を強大な弓に変えよ。偉大なるシヴァ神は宇宙に広がる悪魔の三都市を撃破すべく弓を目一杯引いて矢を放った。成功を収めた褒章として「悪魔の都市の殺し屋」という名前を授かった。シヴァ神の弓をイメージして背中を逞しい弓と化せよ。

▶アサナ：ウルドゥヴァ・ダヌラーサナ　5〜8回呼吸
▶ドリシュティ：ブローマディヤ（眉間）

セットアップ・ポジションに戻り、再び体を上げる準備をする
- マットに降りる：肘をゆっくり曲げ、顎を引き、コントロールしながら骨盤と胴体をマットに下ろす。
- 再度体を上げる準備をする：手と足をマットに押し付け、両腕両脚に力を入れ、肺から一気に息を吐く。
- 再度上げる：仙骨を上げ、両腕を真っ直ぐ伸ばし、背骨を胴体に引き入れて弓形にする。
- 5〜8回呼吸したら、セットアップ・ポジションに戻る。
- 3〜10回ポーズを繰り返し行う。体をマットに下ろしたら、セットアップ・ポジションを作り、自信に満ちた動きで再び体を上げて数回呼吸を行い、再びセットアップ・ポジションに戻る。この一連のプロセスを毎回行う。

仰向けのサマスティティヒに入る
- 最後の後屈が終わったら、仰向けになって静止する。
- 仰向けのサマスティティヒに入ったらヨギとして全知識をポーズに注ぎ、後ろでんぐり返りの準備をする。

— 203 —

11 エーカーダシャ
第 11 ポジション　息を吸う

息を吸う

後ろでんぐり返りを行う
- 遊び心を持ちつつ、勢いをつけて両脚と腰を頭の向こう側に伸ばす。両腕を引き上げ、両手を肩の下でマットに付ける。
- 両脚と腰が頭と肩を通過する際、顎を引いて両手で体を押し上げる。
- 腕で体重を支えて首の負担を軽くしながら、両脚を頭の先の目的地まで伸ばす。
- チャクラーサナ（後ろでんぐり返り）は、リズムにのって行うと良い。開放感いっぱいにヴィンヤサを行おう！

息を吐く

チャトランガ・ダンダーサナに入る
- 脚、腕、骨盤、体幹に強力なブレーキをかけて完璧で真っ直ぐなダンダ（杖）を作る。
- 四肢で支える杖のポーズがなぜ強さの源なのか、自分で確かめてみよう。

12 ドヴァーダシャ
第 12 ポジション　息を吸う

息を吸う

頭を上げ、胸を開き、脚に重みを加えて固定する
- 頭を上げて行き最高地点で静止する。手足をしっかり根付かせ、その反動を使って背骨を弓なりにし、ポーズの醍醐味を味わう。

13 トラヨーダシャ
第 13 ポジション　息を吐く

息を吐く

腰を後ろに引き上げ、アルファベットの逆Vの字を描く
- 下向きの犬のポーズに巧みに移行し、ポーズに入ったら微動だにしない。
- 熱心なハタヨガの実践者は、この瞑想の姿勢に神秘の力が宿っていることを理解できる。

● ヴィンヤサ・メタ・ビュー
下向きの犬のポーズの間、身体の奥深くに存在する不変なる自己について考えよう。その至高の自己から宇宙が広がって行く。この聖なる源は不変である。それは自身の感覚を超越し、いかなるものとも因果関係を持たず、定義もできず、目も耳も手足もなく、永遠に広がり続けているのだ。最も微細なものよりも微細であり、全ての根源である。それこそが、自身の本質である。

フルヴィンヤサ
【14 チャトルダシャ　第 14 ポジション　息を吸う】アルダ・ウッタナーサナ（半分の立位前屈）
【15 パンチャダシャ　第 15 ポジション　息を吐く】ウッタナーサナ（激しい前屈ポーズ）
【サマスティティヒ】

サーランバ・サルヴァンガーサナ（支えのある肩立ちのポーズ）

7サプタ
第7ポジション　息を吸う

息を吐く　　　　　　　　　息を吸う　　　　　　　　　息を吐く

クラウチング
- 手をマットに押し付け、腕を引き締めめ、腰を下ろし、圧縮コイルばねを縮めるように体にエネルギーを溜め込みスプリングに備える。

脚を前方にジャンプさせて、軽やかに着地する
- 脚を真っ直ぐ伸ばしたまま両足を前方に蹴り出す。太腿を胸に引き寄せる。
- 両脚を前方に蹴り出すと同時に腰を安定させる。

仰向けのサマスティティヒに入る
- 仰向けになり、感覚、意識を内側に向け、体内の息の音に耳を傾ける。

フルヴィンヤサ

【サマスティティヒ】
【1　エーカム　第1ポジション　息を吸う】ウルドゥヴァ・ハスターサナ（両手を強く上に上げるポーズ）
【2　ドヴェー　第2ポジション　息を吐く】ウッタナーサナ（激しい前屈ポーズ）
【3　トリーニ　第3ポジション　息を吸う】アルダ・ウッタナーサナ（半分の立位前屈）
【4　チャットヴァーリ　第4ポジション　息を吐く】チャトランガ・ダンダーサナ（四肢で支える杖のポーズ）
【5　パンチャ　第5ポジション　息を吸う】ウルドゥヴァ・ムカ・シュヴァナーサナ（上向きの犬のポーズ）
【6　シャット　第6ポジション　息を吐く】アド・ムカ・シュヴァナーサナ（下向きの犬のポーズ）

8 アシュタ
第8ポジション　息を吸う

息を吸う→15＋回呼吸

脚をマットに垂直に振り上げ両手を背中に添える
- 両脚と腰を力強くマットから振り上げる。
- 足首、膝、そして腰を肩の上に垂直に積み重ねる。
- 理想的には肋骨の上、または可能な限り肋骨に近い位置に両手を添える。
- 両肘を引き寄せ、左右の二の腕を平行にする。
- 両手で背中を強く押し、腕全体を根付かせる。
- 胴体を両手両腕に押し付け、同時に、背骨を体の前面に押し出す（後屈の要領）。
- 両脚を伸ばす。つま先が星に届くのをイメージして骨の髄まで真っ直ぐ上に伸ばす。
- お尻、腹部、そして太腿の前面と背面を活性化して体の中心を目覚めさせる。
- 胸を上げて顎に近づけ、喉をリラックスさせてジャーランダーラ・バンダを行う。

▶アサナ：サーランバ・サルヴァンガーサナ　15＋回呼吸
▶ドリシュティ：ナサグライ（鼻先）

注意：上のヴィンヤサのカウントが一見不規則に見えるのは、フルヴィンヤサを反映しているためである。

9 ナヴァ
第9ポジション　息を吐く

息を吐く→8＋回呼吸

股関節を曲げて両脚を下ろし両手を組む
- 肩立ちからハラーサナへ効果的に移行するためのキーポイント：
- ●ブレーキをかけながら両脚を下ろして行き、両足をマットに付ける。
- ●腕、胴体、そして骨盤をしっかり固定したまま、無駄な動きなく両脚をマットに下ろす。
- ●大腿骨の先端（骨頭）、両脚をそれぞれ車輪の構成部品と考えよう。股関節に収まっている大腿骨の骨頭を車輪の中心部、両脚を車輪の輪止めと捉え、両脚を下ろす際に車輪が転がる様子をイメージする。
- ●背骨を真っ直ぐ伸ばしたまま、速やかに脚を下ろすと同時に両手を背中から離す。
- 両足がマットに着いたら、腕を伸ばして両手を組み、肩から手の指先までをマットに押し付ける。両足に力を入れて両脚を最大限に伸ばし、骨盤を垂直に立てて安定させる。

▶アサナ：ハラーサナ（鋤のポーズ）　8＋回呼吸
▶ドリシュティ：ナサグライ（鼻先）

9 ナヴァ
第9ポジション　息を吐く

息を吐く→8＋回呼吸

膝を曲げ太腿の内側で耳を押す
- ハラーサナから、膝を曲げ太腿の内側をそれぞれ側頭部に押し付ける。
- 腕を伸ばし、両手を組み、肩から手までをしっかりマットに押し付ける。
- 骨盤を安定させ、脚に重みを加えて固定する。
- 膝の内側で耳を押しつぶすようにしてプラーナ（生命エネルギー）を封じ込め、感覚を内側に向ける。
- この「耳圧のポーズ」と呼ばれる形は、ハタヨガからの頂き物である。集中力を培い、クンダリーニ・シャクティ（潜在的なエネルギー）の源でもある生命エネルギー経路、シュシュムナ・ナディを把握するヒントとなる。

▶アサナ：カルナピダーサナ（耳圧のポーズ）8＋回呼吸
▶ドリシュティ：ナサグライ（鼻先）

9 ナヴァ
第9ポジション　息を吐く

息を吸う

サーランバ・サルヴァンガーサナ（肩立ち）に戻り、静止する
- カルナピダーサナ（耳圧のポーズ）から、脚を垂直に振り上げ、骨盤を立て、両手を背中に押し付ける。
- 足首、膝、そして腰を肩の上に垂直に積み重ねる。
- 脚、骨盤、胴体、腕を安定させ、体を強靭な杖と化する。
- 背中と両手で互いに押し合う。
- 上に垂直に伸びた肩立ちのポーズは、手を使わずに蓮華座を組むための重要なセットアップ・ポジションである。

	9 ナヴァ 第9ポジション 息を吐く
息を吐く→8＋回呼吸	息を吐く→8＋回呼吸

蓮華座を組み、下げた太腿を両手で支える	**太腿を下ろし、脚全体を両腕で包む**

- 肩立ちの姿勢から蓮華座を組む方法（フリップムーブ）：右の太腿を外旋させて膝を曲げる（フリップムーブ）。同様に、左の太腿を外旋させて膝を折り、両足で蓮華座を組む。
- プロのヒント：右膝を折ったら膝を上に向け垂直に立てる。次に左の膝を曲げて蓮華座を組む。
- 蓮華座を組んだら：
◉蓮華座のまま両方の太腿を下ろし、両手で両膝を支える。
◉下に向かう脚の力に腕で対抗して脚を押し上げ、水平の位置でバランスをとる。
◉下に向かう脚の力に腕で対抗する動きはムドラ（エネルギーの封印）の実践につながる。
◉反対方向に働く力の作用を利用して腹をへこませ、ウディヤナ・バンダを行い、余計な思考を除去する。

▶アサナ：ウルドゥヴァ・パドマーサナ（上向きの蓮華座）8＋回呼吸
▶ドリシュティ：ナサグライ（鼻先）

- ウルドゥヴァ・パドマーサナから、両膝を頭の両側に下ろす。
- 腕を太腿に巻き付け両手を組む。肩と上背部に体重を乗せ、首にかかる圧力を軽減する。
- 両腕で両脚を抱えて体に近づけ、体をコンパクトにする。
- 内側に意識を向ける。シャーマンになった自分をイメージし体の内側に入り込んで、癒しの薬を求め再生を目指す。深層に眠る真の自分を見つけ、その真実の姿を世界と分かち合う。

▶アサナ：ピンダーサナ（胎児のポーズ）8＋回呼吸
▶ドリシュティ：ナサグライ（鼻先）

Chapter4 フィニッシングポーズ

9 ナヴァ
第9ポジション 息を吐く

息を吐く→8＋回呼吸

前方に転がり背骨を反らして静止する
- ピンダーサナから蓮華座を組んだまま前方に転がり、お尻をマットに付ける。
- 上半身を若干起こした後、頭と胴体を後ろに倒して肘をマットに押し付け、胸を高く上げてドーム状にする。
- 頭を更に反らしてマットに付ける。
- 両手で両足を捉える。
- 頭を重くしてマットに付けたまま、骨盤に体重を乗せ、太腿をマットに根付かせ、両手を引き寄せて足を引っ張る。
- 下半身をマットに根付かせ、胸を大きく開き、背骨全体を体の前面に引き上げる。
- 脊椎を自身の中心に据えて形を表現する。自身をヨギの神聖な世界へと誘おう！

▶アサナ：マツヤーサナ（魚のポーズ）8＋回呼吸
▶ドリシュティ：ブローマディヤ（眉間）

注意：上のヴィンヤサのカウントが一見不規則に見えるのは、フルヴィンヤサを反映しているためである。

9 ナヴァ
第9ポジション 息を吐く

息を吐く→8＋回呼吸

両腕両脚を斜め前方に伸ばす
- マツヤーサナ（魚のポーズ）から、胸をアーチ状に保ったまま蓮華座を解く。
- 両脚両腕を斜め前方に伸ばす。
- 前方に強く蹴り出して両脚を伸ばすと同時に、両腕も伸ばして胸を開き、背骨のアーチを深める。
- 全身から放たれた光が宇宙に向かって広がるのをイメージする。
- 背骨をカラフルな虹色のアーチに変え、内なる闇を勇敢に照らし出す。

▶アサナ：ウッタナ・パダーサナ（強く脚を伸ばすポーズ）8＋回呼吸
▶ドリシュティ：ブローマディヤ（眉間）

10 ダシャ
第10ポジション 息を吸う

息を吸う

脚と腰を勢いよく頭の先に運ぶ
- ウッタナ・パダーサナから両脚を頭の先に伸ばして後ろでんぐり返りを行う。
- 両手でマットを押し、腕に力を入れる。腰、両脚が頭を通過する際に顎を引く。
- パワーを発揮して最終地点まで両脚を伸ばす。

息を吐く

四肢で支える杖のポーズをとり静止する
- チャトランガに入る。体を安定させ、次の事柄に注意を払いポーズを洗練させる：
- ◉両手両足をマットに根付かせる。
- ◉両腕両脚に力を入れる。
- ◉体の中心に宿る偉大なる生命力にアクセスする。

注意：上のヴィンヤサのカウントが一見不規則に見えるのは、フルヴィンヤサを反映しているためである。

11 エーカーダシャ
第11ポジション 息を吸う

息を吸う

パワーを発揮して上体を起こし、両腕を真っ直ぐ伸ばす
- 円を描くように頭を上げ、胸を開き、腕を伸ばす。
- 脚をマットに根付かせ、背骨のアーチを深める。

✹**ヴィンヤサ・メタ・ビュー**
このポーズを利用して後屈の大原則を学ぼう：
背骨を自由自在に伸ばすには四肢を根付かせることが重要だ。背骨を上に伸ばすのと対照的に手足を踏ん張ってマットを押し付けることで、背骨をコントロールする力が獲得でき、かつ、限界に達したように思える体でも、再びあらゆる形に変えられる錬金術師となれる。

12 ドヴァーダシャ
第12ポジション 息を吐く

息を吐く

力強く下向きの犬のポーズに入る
- 明確な軌道に乗せて下向き犬のポーズに入り、静止する。
- 背骨に間隔をおいて配置された3つの聖なる洞窟を巡礼する：
- ◉1つ目はへそ下の仙骨の洞窟。
- ◉2つ目は胸腔の中間に位置する心臓の洞窟。
- ◉3つ目は口蓋の洞窟。
- 呼吸とマインドを駆使して3つの神秘的洞窟への巡礼を行おう。呼吸のたびに背骨に空気を送り込み、巡礼の筋道を描きながら進もう。
- 体内に潜む広大な大洞窟への巡礼を満喫すれば、人生で最も価値あるジャーニーを始められる。

フルヴィンヤサ

【13 トラヨーダシャ 第13ポジション 息を吸う】アルダ・ウッタナーサナ（半分の立位前屈）
【14 チャトルダシャ 第14ポジション 息を吐く】ウッタナーサナ（激しい前屈ポーズ）
【サマスティティヒ】

シルシャーサナ（頭立ちのポーズ）

7サプタ
第7ポジション　息を吸う

息を吐く | 息を吸う

身を低くし、中心部を活性化し、大きく息を吐く
- 深くしゃがみ、手足を活性化し、次のポーズの準備を整える。

ホップして膝立ちになる
- ステップまたはホップで膝立ちになり、セットアップ・ポジションを作る。

✻ ヴィンヤサ・メタ・ビュー
弓術の達人ドローナは、5人のパーンダヴァ兄弟にその教えを授けた。師は、水たまりの近くにそびえる木の枝に木製の魚をくくりつけ、水面に映る魚の目だけを見て、実際の魚の目に矢を射るように指示した。
兄弟が1人ずつ構える。「何が見える？」と尋ねる師匠。最初の1人が「空、木、…」と答え出すと、言い終わる前に座らせられた。次々に兄弟たちは似たような答えを返した。「木の枝が見える、魚が見える、…」全員が最初の兄弟同様に座らせられた。最後にエースのアルジュナ。彼はためらうことなく「魚の目が見える」と答えた。達人は歓喜の声を上げ「射て！」と命じた。アルジュナの矢は揺るぎなく魚の目を射抜いた。
『マハーバーラタ』の1節である。行動の前に照準を絞ることの重要性を心に刻もう。

フルヴィンヤサ

【サマスティティヒ】
【1 エーカム 第1ポジション　息を吸う】
ウルドゥヴァ・ハスターサナ
（両手を強く上に上げるポーズ）
【2 ドヴェー 第2ポジション　息を吐く】
ウッタナーサナ（激しい前屈ポーズ）
【3 トリーニ 第3ポジション　息を吸う】
アルダ・ウッタナーサナ（半分の立位前屈）
【4 チャットヴァーリ 第4ポジション　息を吐く】チャトランガ・ダンダーサナ（四肢で支える杖のポーズ）
【5 パンチャ 第5ポジション　息を吸う】
ウルドゥヴァ・ムカ・シュヴァナーサナ
（上向きの犬のポーズ）
【6 シャット 第6ポジション　息を吐く】
アド・ムカ・シュヴァナーサナ（下向きの犬のポーズ）

自然な呼吸→息を吐く

8 アシュタ
第8ポジション　息を吸う

息を吸う→ 25 ＋回呼吸

手足をマットに根付かせ、背骨を伸ばし、セットアップ・ポジションをとる

- 両肘を肩幅に開き、前腕をマットに付ける。
- 指を交差させて、しっかりと両手を組む。組んだ手に後頭部を押し付け、頭の天辺をマットに付ける。
- 腰を上げ、脚を伸ばし、上背部に力を入れる。
- 両足を体の方に引き寄せ、肩の真上に腰を配置する。
- 静止する。腕をマットに根付かせ、肩と上背部をしっかり固定する。
- 左右の座骨を離して押し上げ、骨盤を垂直に立てて安定させる。
- つま先立ちになり、お尻からつま先までを力強く伸ばす。
- ダイナミックな動きで両脚を垂直に振り上げる準備をする。
- 注意：四肢を活性化する。頭立ちでは腕で体重の大部分を支えることで、首を守り頸椎の自然なカーブを保つ。

両腕を根付かせ、両脚を必要最低限の動きで速やかに上げ、垂直に伸ばす

- 両脚を躊躇なく垂直に上げて伸ばす。最初から最後まで均等なスピードを保つ。頭、胴体、骨盤が垂直に重なったら両脚をピタリと止め、体全体を静止させる。
- ポーズに入ったら、頭の天辺から足の先まで活性化する。
- 前腕をマットに根付かせ上背部をしっかり固定する。肩をすくめない。
- 背中の真ん中を広げ、肋骨を締める。
- 尾てい骨を伸ばし、へそを引き上げ、骨盤を真っ直ぐにして安定させる。
- 太腿に力をいれる。太ももの裏側に力を入れてピンと張り、太腿全体をしっかり固定する。
- ロケット打ち上げに要するパワーを腰から足先まで送り込み、脚を鮮やかに伸ばす。伸ばした脚に格別の意識を払い、無限に広がる愛の力を体現する。

▶アサナ：シルシャーサナ（頭立ちのポーズ）25＋回呼吸
▶ドリシュティ：ナサグライ（鼻先）

9 ナヴァ
第9ポジション　息を吐く

息を吐く→8＋回呼吸　　　　　　　　　　息を吸う

脚を中間地点まで振り下ろす

- 息を吐きながら、垂直に伸びた脚をマットと水平になるまで一気に振り下ろす。
- 脚を伸ばしたまま、つま先で円を4分の1だけ描くように下ろして行く。
- 中間地点（脚が床と水平になる位置）で脚を止める。
- 腕を根付かせ、体の主要部位（頭、胴体、骨盤）を安定させながら、足先を遠くに蹴り出し脚全体を思い切り伸ばす。

▶アサナ：アルダ・シルシャーサナ（半分の頭立ち・ハーフベンド）8＋回呼吸
▶ドリシュティ：ナサグライ（鼻先）

頭立ちのポーズに戻り静止する

- 腕をマットに根付かせ、股関節を支点に脚を真上に振り上げて頭立ちのポーズに戻る。頭、胴体、骨盤を垂直に重ねしばらく静止する。
- シルシャーサナの熟達者は、上半身のタマスグナ（重い性質）と下半身のサットバグナ（軽い性質）の相反する力を利用して、体の部位を上げ下ろしする。つまり、腕を根付かせ強固にすることで、脚に自由と軽さをもたらすのだ。

10 ダシャ
第10ポジション　息を吐く

息を吐く　　　　　　　　　自然な呼吸

11 エーカーダシャ
第11ポジション　息を吐く

息を吐く

両脚を速やかに下ろし、セットアップ・ポジションに戻る
- 微動だにしない頭、胴体、骨盤から脚を遠ざけるようにしながら下ろし、腕をマットに押し付けて根付かせる。
- 動きと呼吸の速さを最初から最後まで均一に保つ。
- 股関節を支点に脚を独立させて動かすことを意識する。股関節に収まっている大腿骨の骨頭を車輪の軸、脚を車輪のスポークに見立て、車輪の回転にともなって脚が上下に動くのをイメージする。

✷ **ヴィンヤサ・メタ・ビュー**
逆さまのポーズ全てを教材に脚の動きを研究しよう。力強く優雅な脚さばきで神秘的な高揚感と知性を表現するバレエダンサーからインスピレーションを得よう。

頭をマットに下ろし、腰をかかとに付ける
- 膝を曲げて腰をかかとに落とし、足、脛をマットに付けて子供のポーズ（バーラーサナ）をとる。
- 首を楽にして、数回呼吸しながら体を休ませる。
- 背中に息を吸い入れる。喉の奥を締めシューッという音を立てながら均等に息を吸い込みながら、背中側の肋骨を広げる。呼吸で腎臓の上の副腎をマッサージする。

チャトランガ・ダンダーサナに入る
- 手足をマットに根付かせ、両腕両脚を引き締めて固定する。
- マットすれすれの位置まで体を沈め、安定したホバリングを行う。

Chapter4 フィニッシングポーズ

12 ドヴァーダシャ
第12ポジション　息を吸う

息を吸う

13 トラヨーダシャ
第13ポジション　息を吐く

息を吐く

両手をマットに根付かせ、背骨を引き上げ、腕を真っ直ぐにする

- マットから上体を起こす。コブラが起き上がるように背骨を反らす。
- 両腕を真っ直ぐに伸ばし、体勢を整えながら、背骨を弓なりにする。
- 背骨を強固な弓と化することに専念し、創造と崩壊を自由に操れるヨギになる。

腰を巧みに後方に引き上げる

- 潔く下向きの犬のポーズに移行し、安らぎのホームベースを見つける。
- 不動の姿勢をとりつつも呼吸を続け、思考とは無縁の意識だけの世界を味わう。

フルヴィンヤサ
【14 チャトルダシャ　第14ポジション　息を吸う】アルダ・ウッタナーサナ（半分の立位前屈）
【15 パンチャダシャ　第15ポジション　息を吐く】ウッタナーサナ（激しい前屈ポーズ）
【サマスティティヒ】

— 215 —

ヨガムドラ・パドマーサナ・ウトゥプルティヒ

7 サプタ
第7ポジション　息を吸う

息を吐く　　　　　　　　息を吸う

8 アシュタ
第8ポジション　息を吸う

自然な呼吸

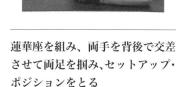

クラウチングに入る
- 腰を低く落とし、体重を体の後方にかけ、不意打ち寸前の猫のように緊張感を高める。

前方に跳躍しダンダーサナに入る
- 遊び心を携え突発的に全身をフルに使ってアクションに入る。小さな動きのひとつひとつに意識と目線を向けてこそ正真正銘のヨギになれる。

蓮華座を組み、両手を背後で交差させて両足を掴み、セットアップ・ポジションをとる
- 蓮華座の組み方：右脚を外旋させ足先をへそ近くに置く。左脚も外旋させ、足を右の太腿の上に乗せ、へその近くに引き寄せる。
- 前に体を倒し左手を背中に回して左足をキャッチする。右手も背中に回して右足をキャッチする。背骨を伸ばして静止する。
- 注意：アシュタンガでは、バッダ・パドマーサナ（後ろで腕を組む蓮華座）はヨガ・ムドラに移行するためのセットアップのポーズだが、そのまましばらく静止していても良い。
- 蓮華座を組み、両手を背後で交差させて両足を掴んで行うムドラ（エネルギーの封印）を堪能しよう。独特な姿勢を利用して両脚、両腕、背骨に力を蓄え、上体を前に倒す準備をする。

フルヴィンヤサ

【サマスティティヒ】
【1 エーカム 第1ポジション　息を吸う】
ウルドゥヴァ・ハスターサナ（両手を強く上に上げるポーズ）
【2 ドヴェー 第2ポジション　息を吐く
】ウッタナーサナ（激しい前屈ポーズ）
【3 トリーニ 第3ポジション　息を吸う】
アルダ・ウッタナーサナ（半分の立位前屈）
【4 チャットヴァーリ 第4ポジション　息を吐く】
チャトランガ・ダンダーサナ（四肢で支える杖のポーズ）
【5 パンチャ 第5ポジション　息を吸う】
ウルドゥヴァ・ムカ・シュヴァナーサナ（上向きの犬のポーズ）
【6 シャット 第6ポジション　息を吐く】
アド・ムカ・シュヴァナーサナ（下向きの犬のポーズ）

Chapter4 フィニッシングポーズ

9 ナヴァ 第9ポジション　息を吐く	10 ダシャ 第10 ポジション　息を吸う	8 アシュタ 第8ポジション　息を吸う
息を吐く→ 10 ＋回呼吸	息を吸う	息を吸う→ 25 ＋回呼吸

ゆっくりと前方に体を倒す

- 背骨を前方に突き出しながら上体を前に倒す。マットに根付かせた脚で背骨を支える。
- 体幹を使ってゆっくりと体を前に倒して行き、顎か額を軽くマットに付ける。
- 上体を前に倒したら、骨盤と脚を海底に沈む錨のように重くする。
- 背骨を伸ばすのと体をマットに委ねるのとを交互に繰り返す。
- ウジャイ呼吸で深い呼吸を行う。呼気と吸気で横隔膜のピストン運動を助長する。一呼吸ごとに横隔膜の収縮と拡張の度合いを増幅させる。

▶アサナ：ヨガムドラ（手や指で形を作るシンボル、ジェスチャー）10 ＋回呼吸
▶ドリシュティ：ブローマディヤ（眉間）

注意：上のヴィンヤサのカウントが一見不規則に見えるのは、フルヴィンヤサを反映しているためである。

上体を起こし、両手を背中で組んだまま蓮華座のセットアップ・ポジションを維持する

- 両脚を根付かせ、スムーズに息を吸いながら上体を起こす。
- 両手で両足を掴んで行うエネルギー封印、ムドラに集中する。
- 腰を安定させ、へそを引き上げ、心臓を浮かせる。
- 頭を下げ、顎を胸に付けて固定する（ジャーランダーラ・バンダ）。
- 視線を下に向け、ハートセンターに向かって内観する。

両手を解きプラーナヤマの姿勢を作る

- 背骨を伸ばし、両腕も伸ばし、親指と人差し指を付けて縁起の良いムドラ（ジュニャーナ・ムドラ）を作る。
- ウジャイ呼吸（勝利の呼吸）を行う。喉の奥をゆっくりと収縮させ、肺への空気の出入りを調整する。安定した音をたてる。吸う息と吐く息の調子、長さ、速さ、力加減を変える。
- 締めた喉を通して空気を肺に吸い入れ、肺から息を静かに絞り出しながら吐く。吐く時は息を背骨の上の先端から骨盤の付け根まで下降させ、吸う時は骨盤の付け根から胸まで息を上昇させる。
- 座ったまま呼吸を続け、3つの主要なバンダ（ムーラ・バンダ、ウディヤナ・バンダ、ジャーランダーラ・バンダ）を実践する。

▶アサナ：パドマーサナ（蓮華座）25 ＋回呼吸
▶ドリシュティ：ナサグライ（鼻先）

8 アシュタ 第8ポジション　息を吸う	9 ナヴァ 第9ポジション　息を吸う	10 ダシャ 第10ポジション　息を吐く
息を吸う→ 25 ＋回呼吸	息を吐く	息を吐く

両手でマットを強く押して上体を上げ、体勢を維持する
- 両手でマットを押して下半身をマットから離し、呼吸を整えながら体を安定させる。
- 両手でマットを押し付け、腕全体に力を入れて両手を根付かせる。
- 腰、腿、膝を上げ続ける。
- 骨盤底を上げ、へそを引き上げ、体の中心部にエネルギーを蓄える。
- 体の隅々からパワーを引き出す。そのパワーの大きさに驚嘆するはずだ。しかし、同時に宇宙の巨大な力の前には謙虚になろう。
- アサナの実践には常に純粋な努力を払い、自身が挑む最高のハードルとして楽しもう。その挑戦は強い身体と精神の試金石である。

▶アサナ：ウトゥプルティヒ（浮遊のポーズ）25 ＋回呼吸
▶ドリシュティ：ナサグライ（鼻先）

蓮華座のままジャンプバックに備える
- 蓮華座を組んだまま、腰をマットに下ろす。手を腰の前でマットに押し付け、膝を浮かせ、上体を上げる準備に取り掛かる。

息を吸う

息を吸うと同時に勢いよく上体を上げる
- 両手をマットに押し付け、腰を上げ、両脚を振って上半身を前に倒す。

ジャンプバックしながら脚を解く
- 肘を曲げ、腕を軸にして頭をマットに近づける。カエルの足捌きをイメージして蓮華座を解き、両脚を後方に蹴って伸ばす。

	## 11 エーカーダシャ 第11ポジション　息を吸う	## 12 ドヴァーダシャ 第12ポジション　息を吐く
息を吐き続ける	息を吸う	息を吐く

チャトランガ・ダンダーサナに入る

- チャトランガ・ダンダーサナを利用して、動きをピタリと止める練習を行う。移行の後、即ピタリと静止する練習を繰り返すことで、意のままに全ての運動や活動を止めることができる超能力：ニローダ・シッディが獲得できる。

四肢を根付かせ、頭を上げ、背骨を反らす

- 頭を上げ背骨を反らし、手をマットに押し付けて腕を伸ばす。
- 胸を大きく広げ、足をしっかりマットに根付かせ、極上の蜜を吸うかのように肺を満たす。

遊び心を持って腰を後方に引き上げる

- 巧みな動きで腰を後ろに引き上げ、ダイナミックにポーズをとる。次の方法でウディヤナ・バンダ（飛翔のバンダ）を行う。
  ● 四肢に重みを加えて固定し、呼気を背骨沿いに仙骨の根元に向けて放つ。
  ● 息を吸い込む直前に素早く腹を引き上げる。
  ● 内臓が肋骨方向へ引き上がる間、頭から思考が全て消え去る様子を鞭が放たれる速度で観察する。

フルヴィンヤサ
【13 トラヨーダシャ　第13ポジション　息を吸う】アルダ・ウッタナーサナ（半分の立位前屈）
【14 チャトルダシャ　第14ポジション　息を吐く】ウッタナーサナ（激しい前屈ポーズ）
【サマスティティヒ】

🪷 シャヴァーサナ（屍のポーズ）

7 サプタ 第7ポジション　息を吸う		8 アシュタ 第8ポジション　息を吐く
息を吐く	息を吐く	息を吐く → 25＋回呼吸

クラウチングに入る
- クラウチングに全身、全意識を向けて臨む。
- 前方への跳躍に意識を集中し、シャヴァーサナに備える。

息を吸う

スプリング！（前方に跳躍）
- 落ち着きながらもスピーディーなジャンプに挑む。クラウチングとスプリングに全身全霊を集中させ、今この瞬間に100パーセント身を委ね、時間そのものをスローダウンさせるのだ！

仰向けのサマスティティヒに入る
- 全身脱力してシャヴァーサナに入る前に、「生き生きとした」仰向けのサマスティティヒを行う。脚と腕を伸ばして固定し、尾てい骨を伸ばし、腹部を引き上げて骨盤を平らにする。背骨を伸ばし、肋骨を安定させ、心臓を浮かせて、顎を水平にする。
- マインドと感覚を内側に向け、体の中心軸を上下に走る最も誉高い生命エネルギー回路、シュシュムナ・ナディを流れるクンダリーニ（根源的な生命力）の輝きを楽しむ。

全身から力を抜き休む
- 脚を開き、腕も広げる。
- 尾てい骨を伸ばし、へそを軽く引き上げる。
- 背中の真ん中を広げ、肋骨を無理なく引き下げる。
- 顎を水平にし、頸椎の自然なカーブを保つ。
- 全身を大地に委ねる。頭、胴体、骨盤、腕、脚を解放する。
- 脳をリラックスさせ、顎の力を抜き、唇と舌も柔らかくする。
- 口蓋に意識を向け、体の中に広大な空間を作る。
- 心全体を内観しよう。心の奥底に密かに眠るアートマン（真の自己、究極の自分自身）を探そう。古代人によれば、この不変なるものは親指ほどの大きさで、この世のあらゆるものの中心に永遠に宿るという。

▶ アサナ：シャバーサナ
25＋回呼吸

フルヴィンヤサ

【サマスティティヒ】
【1 エーカム 第1ポジション　息を吸う】
ウルドゥヴァ・ハスターサナ（両手を強く上に上げるポーズ）
【2 ドヴェー 第2ポジション　息を吐く】
ウッターナーサナ（激しい前屈ポーズ）
【3 トリーニ 第3ポジション　息を吸う】
アルダ・ウッターナーサナ（半分の立位前屈）
【4 チャットヴァーリ 第4ポジション　息を吐く】
チャトランガ・ダンダーサナ（四肢で支える杖のポーズ）
【5 パンチャ 第5ポジション　息を吸う】
ウルドゥヴァ・ムカ・シュヴァーナーサナ（上向きの犬のポーズ）
【6 シャット 第6ポジション　息を吐く】
アド・ムカ・シュヴァーナーサナ（下向きの犬のポーズ）

クロージングマントラ

Om
オーム

Svasti praja bhyaha pari pala yantam
スワスティ　プラジャービャハ　パリパーラ　ヤンタン

Nya yena margena mahi mahishaha
ニャイェーナ　マールゲーナ　マヒム　マヒーシャハー

Go brahmanebhyaha shubamastu nityam
ゴーブラフマネー　ビィハ　シュバマストゥ　ニィティヤム

Loka samastah sukhino bhavantu
ローカハー　サマスタハー　スキノー　バァヴントゥー

Om shanti shanti shanti
オーム　シャンティ　シャンティ　シャンティヒー

＜日本語訳＞
オーム
人類が健やかでありますように。
地球の指導者たちが正しい道を歩み、地球を守ることができますように。
地球が神聖な場所であることを知る人々に恵がありますように。
全ての生きとし生けるものが幸せで自由でありますように。
私の思考、言葉、行動が、この幸せと自由に貢献できますように。
宇宙の平和、地球の平和、そして内なる平和が見つかりますように。
オーム、平和を祈ります。

プライマリーシリーズポーズ名	ヴィンヤサの数	アサナの数
太陽礼拝 A	9	6
太陽礼拝 B	17	14
パダングスターサナ（足の親指を掴むポーズ）	3	2
パダハスターサナ（手と足で引っ張り合う立位前屈のポーズ）	3	2
ウティタ・トリコナーサナ（三角のポーズ）	5	2, 4
パリヴルッタ・トリコナーサナ（ねじった三角のポーズ）	5	2, 4
ウティタ・パールシュヴァコナーサナ（体側を伸ばすポーズ）	5	2, 4
パリヴルッタ・パールシュヴァコナーサナ（捻った体側を伸ばすポーズ）	5	2, 4
プラサリタ・パドタナーサナ A（立って両脚を伸ばすポーズ）	5	3
プラサリタ・パドタナーサナ B	4	3
プラサリタ・パドタナーサナ C	4	3
プラサリタ・パドタナーサナ D	5	3
パールシュヴォッタナーサナ（体側を強く伸ばすポーズ）	5	2, 4
ウティタ・ハスタ・パダングシュターサナ（足の親指を掴んで伸ばすポーズ）	14	2, 4, 7, 9, 11, 14
アルダ・バッダ・パドモッターナーサナ（半蓮華座の前屈のポーズ）	9	2, 7
ウッカターサナ（椅子のポーズ・激しいポーズ）	13	7
ヴィラバドラーサナ A・B（英雄のポーズ A・B）	16	7, 8. 9. 10
ダンダーサナ（杖のポーズ）	16	7
パスチモッタナーサナ A・B（西側を強く伸ばすポーズ A・B）	16	8, 9
プールヴォッタナーサナ（東側を強く伸ばすポーズ）	15	8
アルダ・バッダ・パドマ・パスチモッタナーサナ（半蓮華座の座位で行う前屈のポーズ）	22	8, 15
トリアンガ・ムカ・エカパーダ・パスチモッタナーサナ（片脚を曲げた前屈のポーズ）	22	8, 15
ジャーヌ・シールシャーサナ A（頭を膝に付けるポーズ A）	22	8, 15
ジャーヌ・シールシャーサナ B（頭を膝に付けるポーズ B）	22	8, 15
ジャーヌ・シールシャーサナ C（頭を膝に付けるポーズ C）	22	8, 15
マリーチャーサナ A（賢者マリーチのポーズ A）	22	8, 15
マリーチャーサナ B（賢者マリーチのポーズ B）	22	7, 12
マリーチャーサナ C（賢者マリーチのポーズ C）	18	7, 12
マリーチャーサナ D（賢者マリーチのポーズ D）	18	7, 12

プライマリーシリーズポーズ名	ヴィンヤサの数	アサナの数
ナヴァーサナ（舟のポーズ）	13	7
ブジャピダーサナ（肩を圧すポーズ）	15	8
クルマーサナ（亀のポーズ）・スプタ・クルマーサナ（眠る亀のポーズ）	16	7, 8
ガルバピンダーサナ（子宮の中の胎児のポーズ）・クックターサナ（鶏のポーズ）	15	8, 9
バッダコナーサナ A・B（がっせきのポーズ A・B）	16	8, 9
ウパヴィシュタコナーサナ A・B（開脚前屈のポーズ A・B）	15	8, 9
スプタコナーサナ（仰向けの開脚）	16	8
スプタパダングスターサナ（仰向けで足の親指を掴むポーズ）	28	9, 11, 16, 18
ウバヤパダングスターサナ（両足の親指を掴むポーズ）	15	9
ウルドゥヴァ・ムカ・パスチモッタナーサナ（上向きの前屈のポーズ）	16	9
セツバンダーサナ（橋のポーズ）	15	9
ウルドゥヴァ・ダヌラーサナ（上向きの弓のポーズ）	15	9
サーランバ・サルヴァンガーサナ（支えのある肩立ちのポーズ）	14	8
ハラーサナ（鋤のポーズ）	15	9
カルナピダーサナ（耳を膝ではさむポーズ）	15	9
ウルドヴァ・パドマーサナ（上向きの蓮華座のポーズ）	15	9
ピンダーサナ（胎児のポーズ）	15	9
マチヤーサナ（魚のポーズ）	15	9
ウッタナ・パダーサナ（脚を伸ばすポーズ）	15	9
シルシャーサナ（頭立ちのポーズ）	14	8
アルダ・シルシャーサナ（半分の頭立ちのポーズ）	15	9
ヨガムドラ（印相のポーズ）	14	9
パドマーサナ（蓮華座のポーズ）	14	8
ウトゥプルティヒ（浮遊のポーズ）	14	8
シャヴァーサナ（屍のポーズ）	8	8

用語解説

Agastya（アガスティア）
偉大なヨギ。定期的にパワーを得る悪魔から神々と人類を守り抜くことに成功した英雄。特に驚異的な消化能力で知られる。

Akimbo（アキンボ）
両手を腰に当て、肘を張り出した姿勢。例）プラサリタ・パドタナーサナB【2ドヴェー 第2ポジション】

Apāna Vāyu（アパーナ・ヴァユ）
呼気に関連する下向きの収縮エネルギーパターン。

Armpit Chest（アームピット・チェスト / 胸腔の上部）
わきの下から鎖骨までの部分。胸を開く際、肋骨の前面下部が開かないようにすることが重要。

Bandha（バンダ / エネルギーロック）
エネルギーロック（エネルギーの封印）。最も有名なバンダの例として、ムーラ・バンダ（根、骨盤底のロック）、ウディヤナ・バンダ（腹部のロック）、ジャーランダーラ（顎のロック）がある。

Bhakti（バクティ）
神への献身。バクティ・ヨガは、ハタ・ヨガ、カルマ・ヨガ、ジュニャーナ・ヨガと並ぶヨガ4大流派の1つ。

Bhūtas（ブータ）
物質世界を形成する5大要素、大地（土）、水、火、空気（風）、宇宙（空間）。ヨギは練習を通して各要素を体感し、それぞれのエッセンスを模倣して力を引き出し体現する。

Buddhi（ブッディ）
知性、高次元の意識、知識、直観的または高次元の心、識別能力。ブッディは、アハンカーラ（Ahaṅkāra）、マナス (Manas) とともに心を形成する3つの要素の1つ。

Chakra（チャクラ）
エネルギー・センター、ロータス、生命の輪。例として、ムーラダーラ(Mūlādhāra)、スワーディシュターナ(Svādhiṣṭhāna)、マニプーラ(Maṇipūra)、アナーハタ（Anāhata）、ヴィシュッダ（Viśuddha）、アージュニャー（Ājñā）、サハスラーラ（Sahasrāra）がある。プラーナマヤ・コーシャ（エネルギー体：肉体を覆うオーラの第一層）を縦に貫く中央脈管、シュシュムナ・ナディ（最も栄光に満ちた生命エネルギー回路）に沿って存在する細かい脈管が円形に絡まった叢。

Catvāri（チャットヴァーリ）
サンスクリット語で数字の4。太陽礼拝Aの第4ポジションであるチャトランガ・ダンダーサナ（Caturaṅga DaṇĀāsana：四肢の杖のポーズ）の別名。

Central Axis 又は Median Plane（セントラル・アクシス / 中心軸）
体を縦に右半分と左半分に等分する線。また、プラーナ・チャネルの中心であるシュシュムナ・ナディを指すこともある。

Central Prānic Nāḍī, Glorious Channel, Central Channel（セントラル・プラーニック・ナディ / グローリアス・チャンネル / セントラル・チャンネル）
シュシュムナ・ナディの同義語。エネルギー体（プラーナマヤ・コーシャ）上のチャクラ、骨盤の付け根近にあるムーラダーラから頭頂のサハスラーラ（千弁蓮華）を結ぶ生命エネルギー回路。

Coccyx（カクスィクス / 尾骨）
仙骨（腰の中央、背骨の一番下に在る三角形の形をした骨）の一番下の先端と結合しており、2～4個の小さな椎骨が部分的に癒合している。

Crouch（クラウチング）
膝を曲げて腰を低くし、地面に近づく。スタートラインに立つ短距離走者や、攻撃を仕掛ける肉食動物のように、座位のポーズの前に、下向きの犬のポーズから前方に跳躍してダンダーサナへと移行するためのヨギの構え。

Daṇḍa（ダンダ / 杖 / 棒 / レバー）
詩的なイメージを含めた体の中心軸を表す用語。全てのポーズは、ポーズの基礎中の基礎であるサマスティティヒで始まりサマスティティヒで終わる。ポーズをとる際に、頭、胴体、骨盤で作る完璧なラインをイメージする役割を持つ。

Femur Bone（フィーマー・ボーン / 大腿骨）
太腿の骨。身体の中で最も長く強い骨である。この骨をコントロールし、地に根付かせることが、アサナ及びハタ・ヨガをマスターする鍵である。

Gesture（ジェスチャー）
戦略的かつ表現力豊かな動き。目的や意図だけでなく、感情をも表現する動き。ヴィンヤサの同義語。「ヴィンヤサとはジェスチャーである」。

God（ガッド / 神）
永遠なるもの、聖なる不変の存在、宇宙規模の存在、限界を持たない存在、聖なる魔術師、神秘の存在、自己を照らす存在、神聖、聖なる源、至高の自己、不変の現実、自己。

Heart Cave（ハート・ケーブ）
アナーハタ・チャクラ（心臓に近い場所に存在）にあるエネルギー叢（そう）の詩的な呼称。胸全体を自己を収容する広大で神聖な洞窟だとしてイメージすることで、パワフルで表現力豊かなポーズを作り出し、雑念を払うことができる。

Indriyas（インドリヤ）
ヨガにおける感覚機能又は能力。ヨガでは次の 10 種類の感覚機能・能力が身体に宿るとされる。視覚（目）、聴覚（耳）、臭覚（鼻）、味覚（口）、触覚（皮膚）、発声力、移動・運動能力（脚）、掴む・保持する力（腕）、生殖機能（生殖器）、排泄機能（排泄器官）。ヨギの目的は身体内部の感覚器官・機能に意識を向け、それらをコントロールし、見えている世界の背後に隠れている神聖な次元を正確に知覚すること。

Jālandhara Bandha（ジャーランダーラ・バンダ）
流れの阻止、喉の締め付け。ムーラ・バンダ、ウディヤナ・バンダとともにハタ・ヨガの実践者が心身をコントロールするために用いる技法。ジャーランダーラ・バンダを効かせるには、胸を膨らませて引き上げ、顎を鎖骨の間に向けて下げる。この動作を明確かつリズミカルに行って、吸気とともに起こる上向きのエネルギー（プラーナ・ヴァユ）を捕らえ、閉じ込める。ハートセンターに宿る聖なる源に頭を垂れる姿勢として捉えることができるジャーランダーラ・バンダは「祈り」と「受容」の象徴的ジェスチャーでもある。

Khecarī Mūdra（ケチャリ・ムドラ）
空間作り・封じ込め。口蓋で行うエネルギーの封じ込め。口蓋の目覚めは、識別力と内部空間を作ることに通じる。ケチャリー・ムドラはムドラの最高峰であり、ヨガの全技法がケチャリー・ムドラに従属すると言われている。

Kuṇḍalinī（クンダリーニ）
とぐろ、へび。物質界に存在するあらゆる形態のエネルギー的基盤、プラーナ（生命力）の専門用語かつ詩的表現。また、シヴァ神の妃である女神シャクティを指す。

Lotus of the Heart（ロータス・オブ・ザ・ハート）
アナーハタ・チャクラの同義語。エネルギー体（肉体を覆うオーラの第一層）のハートセンターに位置するエネルギー叢。

Mahā Mudrā（マハ・ムドラ）
偉大なる封じ込め、偉大なるジェスチャー。プラーナヤマの技法の 1 つで、肺から空気を吐いて呼吸を止めると同時に、3 つの主要なバンダ（ムーラ、ウディヤナ、ジャーランダーラ）を締めて、プラーナを生命エネルギーに沿って、光を放ちながら上昇させる。

Māyā（マヤ）
幻想（目に見える物質世界は偽りの姿だとする考え方）。スピリチュアル的無知。

Middle Channel, Middle Axis（ミドル・チャンネル / ミドル・アクシス）
シュシュムナ・ナディ（最も栄光に満ちた生命エネルギー回路・脈管）の別名。

Mudrā（ムドラ）
エネルギー・ロック（封じ込め）を行う時の姿勢・ポーズ。バンダに並び、目的達成のための力強い動き、目的意識を持った身体内側の動きなどの微妙なテクニックで構成されるハタ・ヨガの技法の 1 つ。

Mūla Bandha（ムーラ・バンダ）
ルート・ロック（根本を固定または締める）。骨盤底筋群を締め付けてエネルギーを密封すること。背骨の根本からプラーナ（生命エネルギー）を封じ込めて保存する手段として、また、呼気とともに下方に流れる収縮エネルギー、アパーナ・ヴァユ（Apāna Vāyu）を上方向に向ける手段として行う技法。

Mūlādhāra（ムーラダーラ）
ルート・サポート（体の根底を支えること）とも言う。エネルギー体の基礎となるエネルギー・センターまたはチャクラ。身体の奥深い所に眠るシャクティ（生命力）の発生場所。肉体の骨盤底付近に対応する。ヨガ修行の目的は、ムーラダーラの中にあるシャクティを目覚めさせ、エネルギー回路（シュシュムナ・ナディ）を上昇させて、頭頂のエネルギーセンター、サハスラーラ（千弁蓮華）のシヴァ神と再会させることである。

Nādī（ナディ）
プラーナ（生命力）を運ぶための回路、または水路のような管。

Nirodha（ニローダハ）
止めること。阻むこと。頭（マインド）・心を空にし、感情の流れや思考活動を停止させること。

Palate（パレト）
口蓋。ケチャリ・ムドラ（無限に広がる空間作りのポーズ）として知られる神聖なエネルギー・センター。研ぎ澄まされた感覚と識別力を持つようになると、味覚、風味にも影響を与える。

Palate Cave（パレト・ケープ）
口の別名。神聖な洞窟を表す詩的な表現。口の中を神秘的でエネルギッシュな場所として視覚化することで、ヨギは、風（空気）、宇宙（空間）の要素を自在に体現することができ、偏りのない識別力が得られる。

Prāṇa（プラーナ）
生命力。あらゆる物質的形態を生み出す目に見えないエネルギー的基質。

Prāṇa Vāyu（プラーナ・ヴァユ）
吸気に関連する、上向きで広がりのあるエネルギー・パターン。

Prāṇāyāma（プラーナヤマ）
呼吸法（ブレス・コントロール）。アシュタンガ・ヨガの第 4 支則に当たる。呼吸を整え、生命エネルギー（プラーナ）をコントロールする技法。

Pratibhā（プラティバ）
サンスクリット語で「一瞬にして」「瞬時に」「指を鳴らす間に」「まるで落雷のように」の意味。

Pṛthivī（プリティヴィー）
あらゆる姿勢、振る舞い、態度、行動を惜しみなくサポートする聖なる大地の女神。無尽蔵の豊かさの源。ヨギが心から信頼し、永遠にサポートを求める唯一の源。

Sacral Cave（セイクラル・ケーブ）
骨盤の下部を構成する仙骨の詩的表現。この部分を神聖な洞窟として視覚化することで、パワフルで表現力豊かな動きやポーズを生み出すことができる。

Sacrum（仙骨）
三角形、又は下向きの矢の形をした骨。腰椎の付け根にあり、骨盤とつながっている。

Sagittal or Medial Plane（矢状面（しじょうめん））
身体を左右対称に切る面。

Sahasrāra Chakra（サハスラーラ・チャクラ）
千弁蓮華。エネルギー体（プラーナヤマ・コーシャ）の頭頂に位置する第7チャクラ（エネルギー叢）。

Śakti（シャクティ）
生命力（プラーナ、クンダリーニ）、女性神、蛇のような原始エネルギー、シヴァの妃。

Sattva Guṇa（サットヴァ・グナ）
タマス（惰性・無知）、ラジャス（激動・動性）とともに挙げられる心の性質（グナ）。タマス、ラジャス、サットヴァの3つの性質は多様な組み合わせで物質界のあらゆる形態を表す。サットヴァの特徴は、明晰さ、光（クリアである）、白（純粋である）、統一性、内側に向かう力、活力を与える求心力などだ。また、ブッディ、知性、高次元の意識、知識、直観的または高次元の心、識別能力と同義語。

Side or Frontal Plane（冠状面または前頭面あるいは前額面）
身体を前後に切る面で、矢状面（しじょうめん）に垂直な面。

Śiva（シヴァ神）
吉祥天、ヨガの神、タマス（翳質：不活発、惰性）の性質を持つ王。ブラフマー、ヴィシュヌとともにヒンドゥー教の三大主神の一人。

Spring（スプリング）
躊躇ない前方への跳躍、断固とした行動、純粋で自信に満ちた動き。

Suṣumnā Nāḍī（シュシュムナ・ナディ）
エネルギー体（プラーナマヤ・コーシャ）のムーラダーラ（骨盤の付け根）からサハスラーラ（頭頂の千弁蓮華）まで走る生命エネルギーの主要な脈管。

Tapas（タパス）
熱、輝き、摩擦、厳しい精神修行、ビジョン探求、禁欲主義、抑制、ヨガの修行。感覚を内側に向け、意識を「今この瞬間」に集中することで熱意を高める。

Three Main Body Masses（3つの主要な身体部位）
頭、胴体、骨盤。これら3つをバランスよく保つためのスキルと運動能力が、アサナ、ハタ・ヨガをマスターするための不可欠な鍵。

Transverse or Horizontal Plane（水平面）
体を上半身と下半身に分ける水平面。

Tripurāntaka（トリプランタカ）
悪魔が牛耳る3都市の殺害者の意。ヨガの神シヴァの別名。シヴァ神が、一本の矢で3つの都市を貫き、強力な悪魔の砦を破壊したことから付けられた。

Uḍḍīyāna Bandha（ウディヤナ・バンダ）
腹部飛翔のエネルギー封印。へそを引き上げて腹腔全体を空洞にし、呼気で起こる下向きの収縮エネルギー（アパーナ・ヴァユ）を閉じ込め、上向きに方向転換する技術。

Ujjāyī（ウジャイ）
上向きの、広がりのある、勝利のまたは健全な呼吸。最も基本的なプラーナヤマの技法（呼吸法）。喉を収縮させて呼吸の出入りをコントロールする。

Vertical Axis/Vertical Line/Spinal Axis（垂直軸／垂直線／脊髄の軸）
身体を縦に走る中心軸。シュシュムナ・ナディ（最も輝かしいプラーナティック・チャンネル）を指すこともある。

Yantra（ヤントラ：ヨガの神々やチャクラのエネルギーを幾何学模様で表現したもの）
集中の手助けとなる器具又は形。ある形に集中して瞑想を行うヨガの一派。ジャパ・ヤントラでは、ある形を繰り返し観想して洞察力と叡智を引き出す。アサナを行うことは、ヤントラを創造すること。規則性を持つ形への集中は、余計な雑念を取り除き、物質世界（マヤ：偽りの姿）の背後にある聖なる真実を知覚する助けとなる。

ヨガ八支則

1．ヤマ / 禁戒（Yamas）：【NO! と言えるパワー】日常生活で慎むべき5つの心得、環境や他者と良い関係を保つために自制すべきこと。

（1）アヒムサ（Ahiṃsā）－ 自分も他人も何をも傷つけないこと。怒りの感情と上手に付き合うこと。
（2）サティヤ（Satyā）－ 真実、誠実な心、道義に叶っていること。気高く立派で汚れがない様子。
（3）アステーヤ（Asteya）－ 精神的にも物質的にも他人の所有物を奪わないこと。他人を模倣しないこと。自分の才能を信じること。
（4）ブラフマチャリヤ（Brahmacharya）－ 自分に備わる創造性を追求し続け真摯に活用すること。
（5）アパリグラハ（Aparigraha）－ 貪欲にならない、執着しないこと。自給自足を徹底すること。

2．ニヤマ / 勧戒（Niyamas）：【YES! と言えるパワー】自分に対して守るべき5つの心得、自分自身と良い関係を保つために行う自己鍛錬。

（1）シャウチャ（Śaucha）－ 身体の清潔さと、精神的純粋さを保つこと。
（2）サントーシャ（Santoṣa）－ 持っているもの、与えられたもので満足すること。平常心を保つこと。
（3）タパス（Tapas）－ 鍛錬すること。激しい精神修行をやり抜くこと。
（4）スヴァディアーヤ（Svādhyāya）－ 自己探求、聖典の研究、マントラの読誦。
（5）イシュワラ・プラニダーナ（Īśvara-Praṇidhāna）－ 至高の魂に身を捧げること。

3．アサナ / Āsana（ヨガのポーズ）

4．プラーナヤーマ / Prāṇāyāma（呼吸法）

5．プラティヤハーラ / Pratyāhāra（感覚制御）

6．ダーラナ / Dhāraṇā（集中）

7．ディヤーナ / Dhyāna（瞑想）

8．サマーディ / Samādhi（忘我：悟り）

9つのドリシュティ（目線）

1. Agrataḥ アグラタハ（前方）
2. Aṅguṣṭā Ma Dyai アングスタ・マ・ディヤイ（親指）
3. Broomadhya ブローマディヤ（眉間）
4. Hastāgrai ハスタグライ（手）
5. Nābi Chakra ナビ・チャクラ（へそ）
6. Nasagrai ナサグライ（鼻先）
7. Pādayorāgrai パダヨラグライ（つま先）
8. Pārśva パールシュヴァ（右側 / 左側）
9. Ūrdhva ウールドゥヴァ（上方）

サンスクリットの数字

1 Ekam	エーカム
2 Dve	ドヴェー
3 Trini	トリーニ
4 Catvāri	チャットヴァーリ
5 Pañca	パンチャ
6 Sat	シャット
7 Sapta	サプタ
8 Astau	アシュタ
9 Nava	ナヴァ
10 Daśa	ダシャ
11 Ekādaśa	エーカーダシャ
12 Dvādaśa	ドヴァーダシャ
13 Trayodaśa	トラヨーダシャ
14 Caturdaśa	チャトルダシャ
15 Pañcadaśa	パンチャダシャ
16 Sodaśa	ショーダシャ
17 Saptadaśa	サプタダシャ
18 Astadaśa	アシュタ―ダシャ
19 Ekonaviṃśati	ナヴァダシャ
20 Vimśati	ヴィムシャティヒ
21 Ekaviṃśati	エーカーヴィムシャティヒ
22 Dvāviṃśati	ドゥヴァヴィムシャティヒ
23 Trayoviṃśati	トラヨーヴィムシャティヒ
24 Caturviṃśati	チャトルヴィムシャティヒ
25 Pañcaviṃśati	パンチャヴィムシャティ
26 Sadviṃśati	シャッドヴィムシャティヒ
27 Saptaviṃśati	サプタヴィムシャティヒ
28 Astāviṣṭati	アシュトーヴィムシャティヒ

シヴァ神はヨーゲシュヴァラ（ヨガの神）とブーテシュヴァラ（5大要素の神）の2つの名を有する。それは、「アサナ」という偉大なるアートを愛する者にとって、まったく理にかなったことである。

著者について

デイヴィッド・ガリーグ（DAVID GARRIGUES）は、1991年以来、アシュタンガ・ヨガの伝統に則ったアサナ及びプラーナヤーマの実践と研究に専念し、日々努力を重ねている。自身の練習だけに限らず指導への熱意も非常に高く、彼の下には世界各国から多種多様な練習生が集う。情熱的で、心が広く、純粋に練習に没頭したいと願う真剣な志の実践者たちに、デイヴィッドは絶えずインスピレーションを与え続けている。

デイヴィッドがヨガに出会ったのは16歳の時。友人から「スーリヤ・ナマスカーラ（太陽礼拝）」を教わり、それ以来10年以上独学で練習を続けていたが、1991年にワシントン州シアトルの「偉大なるヨギニ」マリー・スヴォボーダ（Marie Svoboda）に出会い、全てが変わる。彼女のクラスが彼のヨガ心に火を点けその日を皮切りに取り憑かれるように練習。その間、BKSアイアンガーのベテラン講師、アーディル・パルキワラ（Aadil Palkhivala）の下で週1回のクラス、集中講義、ティーチャートレーニングに参加する幸運にも恵まれる。

1993年、偉大なるヨガ・マスター、パタビ・ジョイスに出会う。その後の16年間で12回以上インド、マイソールを訪れジョイスに師事し、1996年、ティーチング・サーティフィケートを授与された。デイヴィッドは、ジョイスから直接サーティファイドの指導資格を授与された数少ないアシュタンガ・ヨガ指導者の一人だ。その後、彼はシアトルに戻り、同地で初のアシュタンガ・ヨガ・スタジオをオープンした。

現在はフィラデルフィアを拠点に国際的ヨガ指導者として、また、卓越したヨガのYouTubeビデオ教材「アサナ・キッチン（Āsana Kitchen）」の制作者として活動を続ける一方、アメリカ、ヨーロッパ、インド各地で定期的にワークショップ、集中講義、リトリートを開催している。また、「アサナ・キッチン（Āsana Kitchen）」以外のオンラインコースも配信し、著書も多々ある。

【著書】
Vāyu Siddhi: Secrets of Yogic Breathing, Maps and Musings: Writings that Celebrate Hatha Yoga and the Quest for Self Knowledge, Ecstatic Discipline: 46 Poems for Lovers of Hatha Yoga, Teaching Yoga With Verbal Cues, and Ashtanga Yoga Vinyāsa.

デイヴィッドは、アシュタンガ・ヨガの伝統を尊重しつつも現代社会に適した方法を取り入れながら、ヨガの実践者たちがそれぞれに才能を開花できるよう手助けすることを使命としている。加えて、アシュタンガ・ヨガの教えを、自分自身と他者の身体的、心理的、精神的成長を促す方法で実践することに献身する、ハタ・ヨガ愛好家コミュニティの一員となることも目指している。

モデル紹介：ジョーイ・マーゼック（JOY MARZEC）

写真提供：ジョー・ロンゴ（Joe Longo）

アシュタンガ・ヨガは、毎日練習せずにはいられない人たちのためにあると言われる。言わば「タフな人たち」のためのヨガだ。そして私もその「タフな」1人。自分を律するために、不安なく日々を過ごすために、そして勝負し続ける勇気を持ち続けるために毎日の練習は欠かせない。

16歳でヨガに出会い、19歳でアシュタンガ・ヨガの練習を始め、22歳の時にデイヴィッドの元で学び始めた。彼に初めて会った瞬間、ピンと来た。お互いに即通じ合えた。デイヴィッドのアシュタンガ・ヨガに対するアプローチは、私にとって常に理に適っている。「練習は自分に役立つものでなければならない」と彼は言う。日々、自己鍛錬に励み、自制心、忍耐力を養い、厳格さを貫くことで、精神を鍛えるということがどういうことなのかを学んで来た。

私は人生の大半をデイヴィッドの教育ヴィジョン実現のためのサポートに費やしている。その活動は、ビデオコース立ち上げ、ワークショップ開催、書籍出版、アプリ制作、YouTubeチャンネル「アサナ・キッチン」のプロデュースなど多義に渡る。その努力に対して、彼は私の映画制作への協力を惜しまない。デイヴィッドと私を結び付けてくれた宇宙に感謝以外に何もない。彼以上のパートナーを求めることは不可能だ。

モデル紹介：ジョアンナ・ダーリントン（JOANNA DARLINGTON）

写真提供：ガブリエラ・マークス（Gabriella Marks）

2003年から、アイアンガー、リストラティブなどを含む様々なスタイルのヨガを学び始め、その過程でアシュタンガ・ヴィンヤサ・システムに出会う。それ以来、アシュタンガのカリキュラムを通してハタ・ヨガの学びを深めるべく地道な努力を重ね現在に至る。

10年以上の指導歴で彼女が重視するのは、生徒自らが練習を通してアラインメントを極め、強さを発見できるようにアシストすることだ。そのためには、それぞれの生徒の置かれた状況、能力、限界を見極めるべく注意深く観察し、生徒から意見を引き出すことが必須だと考える。ジョアンナは、他者を理解する上で重要なのは思いやりであり、相互理解こそ双方が知識を吸収し学びを深める基盤だと痛感している。

彼女はデイヴィッド・ガリーグの上級弟子として、彼の哲学・指導法を遵守し、その教えを広めることを使命としている。指導以外では「アシュタンガの練習は、あらゆる体型、体格、レベルの人々に恩恵を与える」という信念の下、国内外を問わず開催されるデイヴィッドの週末ワークショップやマイソール集中講座でのアシスタントを務める。

より詳しい情報は彼女のホームページを参照。
https://joannadarlington.com

モデル紹介：ローラ・フライデー / アーティス・スミス

写真提供：バーバラ・スウェンソン・フォトグラフィー
(Barbara Swenson Photography)

写真提供：リック・ミルトン（Rick Milton）

ローラ・フライデー（LAURA FRIDAY）（写真左）は68歳。ヨガの練習を始めて15年、アシュタンガを探求し始めて10年になる。母であり、ミュージシャンであり、教師であり、バスケットボール選手でもある。園芸、猫、自然を愛し、誰とでもすぐに打ち解けて友達になれるヨギだ。ヨガの練習は彼女の生活、彼女自身のあらゆる側面を豊かにし、同時に練習そのものもより良いものに変化している。

彼女のヨガクラスの詳細についてはこちらを参照。
https://laurafriday.com

アーティス・スミス（ARTIS SMITH）（写真右）がヨガに出会ったのは1990年代初頭。当時は瞑想的な側面に興味を持ち、アサナには重点を置いていなかった。約7年間、アトランタの曹洞宗センターで曹洞宗を学んだ後、ヴァージニア・ビーチに移り住み、初めてヨガの身体修行、アサナを体験。最初のクラスでヨガの虜になり即ティーチャー・トレーニングに参加。2014年にヴァージニア州ヴァージニア・ビーチのアトマ・ボディ・ヨガ（Atma Bodhi Yoga）で指導資格を、2015年にマンジュ・ジョイス（Manju Jois）からアシュタンガ・ヴィンヤサ・ヨガの指導資格を取得。現在はデイヴィッド・ガリーグに師事し、ティーチャー・トレーニングを修了。また、デイヴィッド開催のワークショップにこれまで4回参加。指導歴は、ヴァージニア・ビーチで5年、アトランタで1年の計6年。故郷、ジョージア州オーガスタに戻り、地域の人たちとヨガの恩恵分かち合えることを嬉しく思っている。幸せは、他者への奉仕にある。

モデル紹介：デレカ・アンヌ / ディーパ・ラオ / ジェシカ・サンドゥ

写真提供：テイラー・シャーク（Taylor Shirk）

写真提供：ニティン・サブケール（Nitin Sapkale）

写真提供：リーマ・デサイ（Reema Desai）

デレカ・アンヌ（DEREKA ANNE）（写真左）
2016年11月初めて体験したクラスでヨガに目覚め、情熱的にヨガ道を追求し始める。ヨガへの好奇心は日毎に強まり、更なる発見を求めて海外へ進出。その過程でアシュタンガ・ヨガに出会い、多くの著名な先生方と練習する機会に恵まれた。その中の1人がデイヴィット。出会った2018年即彼に弟子入りし、彼の指導の下、新たな次元を求めて日々の練習に励み始める。ある時「自己探求の道はヨガにあり」と悟り、それ以降、アシュタンガ・ヨガ・メソッドへの情熱は日々強固になっている。

デレカの自己探求の旅についてはこちらを参照。
https://derekaanneyoga.wordpress.com

ディーパ・ラオ（DEEPA RAO）（写真中央）
ヨガとの出会いは学生の時。デイヴィッド・ガリーグの門戸を叩いた時は、すでにアシュタンガを練習中ではあったが、彼の思いやりのある格別な指導により更に大きく成長する。彼女の練習へのアプローチはまるで研究者の如し。マットの上で発見したこと全てを音楽、執筆、ヨガ指導など彼女の人生全てに応用している。現在、インド、ムンバイを拠点に広告業を営む。

ジェシカ・サンドゥ（JESSICA SANDHU）（写真右）
ジェシカ・サンドゥは、ワシントンD.C.を拠点に活動するヨガ指導者兼ヘルスコーチ。22歳でヨガを始めるが、腰痛や感情的ストレスを和らげるための手段としてもヨガを実践している。彼女は日々、ヨガ指導者かつヘルスコーチとして、人々がマットの上でもマットを離れても精神のバランス、心の安寧を保てるよう尽力している。

ジェシカのより詳しい情報についてはこちらを参照。
https://www.jessicasandhu.com

装丁デザイン ● やなかひでゆき
本文デザイン ● Re-Cre Design Works
原書 ●『ASHTANGA YOGA VINYĀSA』（2023 年）

Copyright © 2024 by David Garrigues
Japanese translation rights arranged with David Garrigues through Japan UNI
Agency, Inc.

「動き」で覚醒する　アシュタンガ・ヨガ

プライマリーシリーズの動作、呼吸、ポーズ

2024 年 12 月 5 日　初版第 1 刷発行

著　者	デイヴィッド・ガリーグ
訳　者	大谷桂子
発行者	東口敏郎
発行所	株式会社 BAB ジャパン

〒 151-0073 東京都渋谷区笹塚 1-30-11　4・5F
TEL 03-3469-0135　FAX 03-3469-0162
URL http://www.bab.co.jp/
E-mail　shop@bab.co.jp
郵便振替 00140-7-116767

印刷・製本　中央精版印刷株式会社

ISBN978-4-8142-0654-4 C2077

※本書は、法律に定めのある場合を除き、複製・複写できません。
※乱丁・落丁はお取り替えします。

BABジャパン ヨガ関連オススメ書籍

感覚をチューンナップ 体と心を踊らせる！
書籍　ヨガだからできる 幸福感の高め方

そよ風を心地よく感じる感度！良いものをおいしく感じる感度！感動できる心の感度！幸福は"感度"から作ることができます！幸せの感度を実技から高めるセンス（感覚）最適化ヨガ‼ "幸福感"を感じられない…、足りないのはセンス（感覚）かも⁉ センスが鈍いと身体も思うように動かせない！センスが鈍いと気持ち良さも感じられない！ヨガの最も重要な効用は、センスの"最適化"‼ 幸福感の乏しい現代に提示する、本当の幸福を体から得る方法を紹介！

●中村尚人 著　●四六判　●244頁　●本体1,400円＋税

体にやさしく効率的な動かし方
書籍　体感して学ぶ　ヨガの運動学

前から回すか、横から回すかでこんなに違う⁉ "運動"として見ないと気づけない、重大なヨガのコツ！脊柱をきれいに、自由に動かすには？首を動かす時の負担、可動域は"舌の置き所"によって全然違う⁉ 肩に負担をかけない、手の着き方は？体を痛めないためにも、ヨガの効果を高めるためにも、ぜひとも知っておきたい、"ちょっとしたコツ"をわかりやすく解説！

●中村尚人 著　●四六判　●200頁　●本体1,400円＋税

筋肉と骨格でわかる、アーサナのポイント＆ウィークポイント
書籍　体感して学ぶ　ヨガの解剖学

「ヨガのアーサナ（ポーズ）が上手くいかないのは、どうして？」「どうしても身体のあちこちが痛くなってしまうのは、なぜ？」誰もが思うその疑問に、解剖学の視点からお答えします！本書では、ヨガの基本中の基本「太陽礼拝」のポーズを題材に、すべてのヨガのアーサナに通じる身体の使い方や、身体を壊してしまわないための基礎知識を解説します。

●中村尚人 著　●四六判　●228頁　●本体1,600円＋税

ラージャヨガで脳力アップ！"人間能力"を高める
書籍　脳のヨガ

元来ヨガの指導は、ポーズの形を細かく指示したりしませんでした。それは、手本を"真似よう"とするだけで効果があるものだからです。本書でご紹介するラージャヨガは、"究極のヨガ"として古代インドより尊ばれてきました。その目的は、単なる身体的な健康法に留まらず、心や脳の性能を向上させる事にあります。イラストポーズを真似するだけで、誰でも簡単に効果が現れる本です。

●類家俊明 著　●四六判　●208頁　●本体1,600円＋税

ヨガ秘法"ムドラ"の不思議
書籍　"手のカタチ"で身体が変わる！

ヨガ独特の"手の使い方"に隠された、身体の"真起動術"！ヨガで用いられている"ムドラ＝手のカタチ"には、身体の可動性を拡大させるほか、人間の生理に直接作用するさまざまな意味がある。見事なバランスも、美しいしなりも、実はすべては"手"で決まる！神仏像や修験道者・忍者が学ぶ"印"など、実は世界中に見られるこの不思議な手の使い方にスポットを当てた、本邦初、画期的な1冊！

●類家俊明 著　●四六判　●168頁　●本体1,200円＋税

BABジャパン　ヨガ関連オススメ書籍

ヨーガ人生60年集大成
書籍　ヨーガ奥義書

脱力とは？ 不老不死とは？ ヨーガで身体に起こせる事とは？ あらゆる疑問がついに解ける！ ヨーガ行者が求める"究極"とは一体何なのか？ 人間の視点をついに超える奥義、本邦初書籍化！ 達人の呼吸法、達人の座り方、達人の瞑想法…世界がまるで違って見えるようになる究極の奥義、公開！ 誰もが手にできるものではなかった"奥義"を会得するための重要な手がかりが、この本には満載されています。

●成瀬雅春 著　●四六判　●184頁　●本体1,600円+税

すべての人に宿る　強大な精神パワー
書籍　クンダリニー覚醒

意識の拡大で潜在エネルギーが目覚め、生命力が高まり、精神と肉体が劇的にバージョンアップ!! 身体的能力、精神的能力のいずれもが、人の本来の能力の、ごくわずかしか発揮されていません。著者は古（いにしえ）より伝わるヨーガの経典の研究と長年にわたる修行の末に、クンダリニー覚醒を果たしました。本書では、著者自身が実践、また指導してきた瞑想や呼吸法をはじめとするさまざまな行法を段階的に行い、安全に覚醒させる技術を指南します。

●成瀬雅春 著　●四六判　●192頁　●本体1,400円+税

医師もすすめる 血管をキレイにする呼吸・食事・ヨガ
書籍　血管美人YOGA

血管年齢が見た目の美しさ、健康を決める！ あなたのその不調、かたくなった血管や滞った血流が原因かも!? 人気ヨガ講師＆栄養士の仁平美香と、心臓専門＆アンチエイジング医が教える、究極のエイジレスワーク「血管美人YOGA」。自律神経と血管年齢の関係や、血管をキレイにする呼吸法や食事、生活術を分かりやすく解説。1日5分からOK！の、血流と巡りを良くする血管美人になるための優しいヨガやセルフケアワークを多数紹介しています。

●仁平美香、宮山友明 著　●A5判　●164頁　●本体1,300円+税

女神筋（骨盤底筋）が目覚める！
書籍　女性のヨガと子宮の整体法で女性の不調と悩みを解決！

ヨガで中身を整える＋整体で器（身体）を整えるという両面からのケアで改善が早い！ 解剖生理学もやさしく解説！ 本来女性が備わっている力が引き出され、「冷えやむくみが解消」「PMSや更年期障害が改善」「妊娠できた！」と喜びの声続出！ 目指すのはしなやかでハリのあるハンモックのようなハート型の骨盤底筋。女神筋が目覚めると……本来女性が備えている力を引き出し、自分の体と感情と上手につき合えるようになります！

●仁平美香、熱海優季 著　●A5判　●150頁　●本体1,300円+税

月経周期を味方につけて毎日を快適に過ごす
書籍　ムーンヨガ

女性のセルフケアの大基本。それは、からだと月のサイクルを味方につけること！ いつも健やかに過ごしたい！楽してキレイにヤセたい！妊娠したい！生理を楽にしたい！更年期も楽しく過ごしたい！ この本では、女性の願いを叶える一生もののセルフケア力の身に付け方を紹介します。実は、妊娠だけじゃなく、痩せるタイミングも、不調の前兆も分かる「基礎体温表」使い方を解説。セルフケア力＝「人生を切り拓く力」で、変化に富んだ女性の一生を、自分らしく乗りきろう！

●石田ミユキ 著　●A5判　●224頁　●本体1,300円+税

BABジャパン ヨガ関連オススメDVD

人類が獲得した最高の身体メソッド!
DVD　関節のニュートラル

身体とマインドのパフォーマンスを高める！ 一番強く、負荷は少なく、効率的な身体操作法を手に入れる！ 我々の身体というものは、摩擦がほとんどないツルツルの軟骨・関節という丸の上でバランスをとっています。僕たち人間という動物が、重力の中で一番強く、そして効率的に、かつ負担なく身体を動かすために、今までの進化の中の歴史が全て結集されたものが、関節のニュートラル、そして直立二足歩行という戦略なのです。

●指導監修：中村尚人　●142分　●本体5,000円+税

仕組みを知れば 結果は出る
DVD　ヨガのカラダ学

解剖生理に基づく効果的なポーズレッスン！心身のトレーニング・調整法その効果的なやり方を解剖生理的視点から分かりやすく解説。・柔軟性の向上・インナーマッスルの強化・自律神経の調整 といった、ヨガ愛好家だけではなく、あらゆる身体パフォーマーにも役立つヨガ的トレーニング法を厳選して収録。ちょっとしたコツで効果が一気に変わる人気講師のレッスンを効率よく学んでいけるDVDです！

●指導監修：高村マサ　●49分　●本体5,000円+税

自分を知り、ココロもカラダもキレイになる！
DVD　フォーカシングヨーガ

自分の身体の声を聞き、心身ともに美しく！"フォーカシングヨーガ"とは、アメリカの心理学者ユージン・ジェンドリンが考案した心理療法（＝フォーカシング）を、ヨガの呼吸法と五感の瞑想法とともに用いる事で、身体(潜在意識)からのメッセージを受け取り、日常生活の中で気づきを増やし、創造性を高める事を目的としています。また、情報過多の現代社会で思考のエネルギーばかりを使いがちですが、頭ではなく、自分の身体に意識を合わせるトレーニングにもなります。

●指導監修：椙本純子　●81分　●本体5,000円+税

「何となく」にサヨナラ!! 解剖学と生理学で実感 厳選12のアーサナ
DVD　奇跡のヨガ教室

解剖学と生理学によるアプローチで、誰でも出来て、効果を感じられるヨガ。これをテーマに中村尚人先生が、厳選12アーサナ（ポーズ）を丁寧に指導。スタジオレッスンを受けている感覚で一緒に学んでいるうちに、いつものアーサナが一気に味わい深く、より効果を発揮するものとなります。「この形で本当にいいのか、今イチ自信が持てない…」など、結構多いヨガ愛好家の皆さんの悩み・想いに、お答えするために作ったDVD。上級者向けオプションも多数収録!!

●指導監修：中村尚人　●98分　●本体3,600円+税

身体覚醒の秘法 最高度に完成された潜在力開発の究極テクニック
DVD　クンダリニーヨーガ

普段は尾てい骨部周辺に閉じ込められた膨大なエネルギーを高度な肉体操作で覚醒させる「クンダリニー・ヨーガ」。この実践法をヨーガ行者の王・成瀬雅春先生が遂に映像で公開！段階的かつ緻密で安全な成瀬式行法の数々は、自分の能力を本気で目覚めさせたい人に是非実践して欲しい内容です。

●指導監修：成瀬雅春　●78分　●本体5,000円+税

アロマテラピー＋カウンセリングと自然療法の専門誌

セラピスト
bi-monthly

- 隔月刊〈奇数月7日発売〉
- 定価 1,000 円（税込）
- 年間定期購読料 6,000 円（税込・送料サービス）

スキルを身につけキャリアアップを目指す方を対象とした、セラピストのための専門誌。セラピストになるための学校と資格、セラピーサロンで必要な知識・テクニック・マナー、そしてカウンセリング・テクニックも詳細に解説しています。

セラピスト誌オフィシャルサイト　WEB限定の無料コンテンツも多数!!

セラピスト ONLINE
www.therapylife.jp/

業界の最新ニュースをはじめ、様々なスキルアップ、キャリアアップのためのウェブ特集、連載、動画などのコンテンツや、全国のサロン、ショップ、スクール、イベント、求人情報などがご覧いただけるポータルサイトです。

記事ダウンロード
セラピスト誌のバックナンバーから厳選した人気記事を無料でご覧いただけます。

サーチ＆ガイド
全国のサロン、スクール、セミナー、イベント、求人などの情報掲載。

WEB『簡単診断テスト』
ココロとカラダのさまざまな診断テストを紹介します。

LIVE、WEBセミナー
一流講師達の、実際のライブでのセミナー情報や、WEB通信講座をご紹介。

トップクラスのノウハウがオンラインでいつでもどこでも見放題！

THERAPY COLLEGE

セラピーNETカレッジ

 WEB動画講座

www.therapynetcollege.com/　セラピー 動画　検索

セラピー・ネット・カレッジ(TNCC)はセラピスト誌が運営する業界初のWEB動画サイト。現在、240名を超える一流講師の398のオンライン講座を配信中! すべての講座を受講できる「本科コース」、各カテゴリーごとに厳選された5つの講座を受講できる「専科コース」、学びたい講座だけを視聴する「単科コース」の3つのコースから選べます。さまざまな技術やノウハウが身につく当サイトをぜひご活用ください!

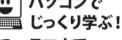 パソコンでじっくり学ぶ！
スマホで効率良く学ぶ！
タブレットで気軽に学ぶ！

月額 2,050円で見放題！　毎月新講座が登場！
一流講師240名以上の398講座以上を配信中！